流金溢彩解放路

罗丹 罗文华 著

海河西岸记忆丛书

中国人民政治协商会议天津市河西区委员会 编

天津社会科学院出版社

图书在版编目（CIP）数据

流金溢彩解放路 / 罗丹，罗文华著. -- 天津 ：天津社会科学院出版社，2021.1
（海河西岸记忆丛书）
ISBN 978-7-5563-0680-0

Ⅰ. ①流… Ⅱ. ①罗… ②罗… Ⅲ. ①城市史－史料－天津 Ⅳ. ①K292.1

中国版本图书馆CIP数据核字(2020)第231133号

流金溢彩解放路
LIUJIN YICAI JIEFANGLU

出版发行： 天津社会科学院出版社
地　　址： 天津市南开区迎水道7号
邮　　编： 300191
电话/传真： （022）23360165（总编室）
（022）23075303（发行科）
网　　址： www.tass-tj.org.cn
印　　刷： 北京盛通印刷股份有限公司

开　　本： 880×1230　毫米　1/32
印　　张： 8.75
字　　数： 205千字
版　　次： 2021年1月第1版　2021年1月第1次印刷
定　　价： 58.00元

《海河西岸记忆丛书》

编委会

序

杨大辛

我与河西区可以说凝结了深厚的乡土情缘。1925年2月我出生于河西区(当时称特一区)三义庄宝德里,此其一;1952年5月我定居河西区(当时称第六区)福建路,从先严至后辈子孙四代人先后在此居住,此其二;1978年6月政府安排我到市政协主持文史资料的编辑出版工作,从而与河西区政协文史资料委员会始终保持协作关系,在我离休后个人依旧与区政协文史委长期往来联系至今,此其三。回顾我这一生虽然历尽坎坷却始终勤奋敬业,得以在编史修志事业方面有所成就,心安理得。我在河西区居留六十余载,可以说这里是我安身立命之"福地"。

河西区政协的文史工作,多年来始终与时俱进,成绩斐然。近日获悉,正在着手汇编《海河西岸记忆丛书》,涉及有关海河西岸的历史变迁、风土民俗、名人逸事等诸多方面史料,工程浩繁,目前正在紧张编写中。未读书稿,何以评说?得悉各册撰稿人如章用秀、张绍祖、金彭育、尹树鹏、罗文华、齐珏、杜仲华、高惠军、魏暑临、罗丹诸君,都是相识多年的老朋友,他们治学严谨,文笔流畅,各自完成精心制作,当可期待耳!

河西区政协李耀进主席嘱为此丛书写篇序言。我虽已挂笔数载，承蒙如此厚爱，情不可却，遂信笔谈了以上几点感知，聊以复命，不成体统，尚祈谅宥为盼。是为序。

2018 年 8 月

前　言

罗文华

津沽丰饶，物华天宝；河西富庶，人杰地灵。乘着党的十八大召开的东风，2013 年 6 月，天津市委、市政府对河西区提出了建设与现代化大都市地位相适应的服务经济体系、建设全市经济社会发展首善之区、为美丽天津建设做出贡献的新要求。建设首善之区，成为河西这个中心城区核心区所面临的机遇与挑战。“首善河西，美丽天津”，成为河西人民的奋斗目标、对美好生活的希望。

首善之区，是指各方面做得最好或文明程度最高的地方，是区域领跑者综合指标的体现。其中，文化先进是一项极为重要的指标。中心城区核心区与其他城区相比，除了经济总量与质量外，还要比文化品位、比文明程度，这也是河西建设首善之区的重要内容。繁荣文化事业、提升公共文化服务水平，是文化强区具体体现。通过新建城市书吧、举办文化惠民系列活动、设立推动文化大发展大繁荣专项资金，不断增加经济社会文化含量，河西文化的影响力、传播力得到显著提升。2020 年 1 月，2020 年河西区 10 项民生实事项目确定，其中列有文化惠民活动，包括新建24小时自动智能借阅（售书）机，还有以“文化365快乐在河西”为主题举办1000场文化惠民活动等。所有这些成就，使得河西在全市人民的心目中不仅是经济强区，同时也是文化强区。

近年来，河西区政协准确把握人民政协的重要地位作用，准确把握人民政协工作的宝贵经验，准确把握新时代人民政协的使命责任，切实履行政协职能，为建设首善之区、打造品质城区升级版献计出力。区政协十分重视首善之区的文化建设，充分发挥文史研究在存史、资政、团结、育人方面的独特作用，努力挖掘、整理、利用河西历史文化资源，将文史和学习工作提升到新的水平，更重要的是让河西人民充分了解家乡变迁和人文发展。继2018年成功编辑出版“海河西岸记忆丛书”第一辑（包括《津沽通衢海大道》《前世今生德租界》《马场道与赛马会》《书坛巨匠吴玉如》《丹青妙手刘奎龄》五册）后，2020年又组织推出“海河西岸记忆丛书”第二辑。丛书的作者，包括天津老、中、青三代文史专家和知名学者，他们都熟悉河西历史文化、对河西有深厚感情，能够结合自己的学术优长，精准选择合适的题材，宣传河西历史，弘扬河西文化，讲好河西故事。

作为“海河西岸记忆丛书”编委会成员，同时也是第二辑的作者之一，为方便读者了解“海河西岸记忆丛书”第二辑的内容，我将这六部书稿逐一简要介绍一下：

《流金溢彩解放路》，作者罗丹、罗文华。海河西岸的解放路已有160年的历史，它是天津建设最早的近代化道路，也是近代各国租界中最重要的道路，更是一部浓缩的天津百年城市发展史。解放路是天津市区最长的南北向主干道，也是河西区域内最长的贯穿南北的通衢大道。解放路上中西交融的建筑珍藏着精彩的历史故事，见证着天津这座商贸都市的光阴轮转。因为解放路上历史风貌建筑大部分现仍存在且完好，所以该书整体脉络便围绕主要建筑从北到南展开。这样的结构和顺序，也便于读者了解从近代到当代的解放路，并由此了解160年来海河西岸乃至整个天津的发展。书末所列“解放路大事年表(1949—2019)”，对新中国成立后解放路的发展脉络介绍较为详细，涉及整体规划、道路建设、设施配备、交通管理等方面，尤其是对解放南路的建设带动河西发展繁荣的情况反映较多，史料具有真实性和权威性。

《文苑风流津河畔》，作者章用秀。津河旧称废墙子河、贺家口引河，因流经佟楼村，也叫佟家楼河，是贯穿河西的一条重要河流。津河两岸分布着东楼、西楼、西南楼、桃园村、佟楼、吴家窑等旧村落。清代以来，河边建起数座文人雅集之所，特别是佟楼至八里台之间的河畔，有多个私家园林崛起。该书首先讲述津河的起源、变化、两岸村落，重点讲述河畔建起的管园、罗园、张学良花园、倪氏花园，城南诗社、须社等在津河的文化活动，以及陶园、跑马场的情况。对新中国成立后河畔文化设施的讲述，凸显津河的文化积淀，说明河流孕育着文明——津河是天津的“文化宝地”。

《哪吒闹海古陈塘》，作者高惠军。河西区域内的陈塘庄早有哪吒闹海的传说，现已被列入非遗项目。该书着重写天津陈塘关哪吒和李靖等相关故事、陈塘庄的哪吒庙，包括历史、现状等，以及陈塘庄的地理位置、上下河圈、与河海的关系、人民生活、生产状况。该书还讲述了历史上哪吒故事的起源、佛教故事中哪吒的原型、各地对哪吒的信仰、全国各地的哪吒故事、将各地的“发生地”和各地的哪吒庙一一列出。对有关哪吒的文艺作品,如现今较为走红的电影《哪吒之魔童降世》等,也有专业的评述。最后讲述了哪吒故事的历史意义,人们特别是陈塘庄人为什么信仰哪吒,以及河西对这一传统文化的梳理、发掘等情况。该书通过展现河西的历史地理、人文空间、民风民俗、经济文化,表现出人们对美好生活的追求。

《津门三子与荣园》,作者魏暑临。寇梦碧、陈机峰、张牧石在文坛上被称为“津门三子”,他们是近代以来天津三位成就卓著的词人,在诗词界、昆曲界、书画界具有重要地位和突出影响。“津门三子”与河西夙有渊源,尤其与李园(荣园)关系密切。该书以李园为平台,首先叙述李园的历史文化积淀,三人与李园的关系,写出他们与张伯驹等在李园诗词唱和、观赏海棠等雅集活动。其后分别撰写三人小传,最后介绍三人之间的关系,介绍梦碧词社,包括 20 世纪 60 年代三人在海河边打诗钟,以及与张伯驹等人的交集等,通过文化活动反映文人意趣。

《漫画大师冯朋弟》,作者齐珏。冯朋弟久居天津,民国年间曾经工作生活在河西地域。他 1933 年到天津,任音乐、美术教员,后来成为职业漫画工作者。1935 年至 1937 年,他创作了第一个连续漫画人物“马方人”。1937 年至 1943 年,他创作的漫画人物故事《老夫子》《老白薯》《阿摩林》等在京津一带报刊上大量发表。1957 年,朋弟发表了最后的漫画作品《“老白薯”出土》。1983 年,朋弟去世。他一生共发表作品一千二百余件,他创作的漫画《老夫子》等享誉中外。这位在漫画史上具有重要地位的人物,一直没有传记。该书叙述他的人生轨迹、艺术道路,特别是他在天津、在河西的经历,介绍他在《北洋画报》

等天津报刊发表的漫画作品，也提及在他逝世多年后有人窃取他的作品欺世盗名等，说明其作品的魅力和影响。书中配发大量朋弟的漫画作品，图文并茂，引人入胜。

《人民音乐家王莘》，作者杜仲华、王斌。"五星红旗迎风飘扬，胜利的歌声多么响亮。歌唱我们亲爱的祖国，从今走向繁荣富强……"一首《歌唱祖国》，亿万人民高声传唱，深深扎根在每个中国人的心里，它的作者就是王莘。王莘1936年参加革命，1943年加入中国共产党。他生前是天津市音乐家协会名誉主席，中国音协"金钟奖"终身成就奖获得者，创作了多首不朽的乐章。王莘多年工作在河西，曾担任天津人民艺术剧院副院长、天津歌舞剧院院长。该书是王莘的传记，从他出生写起，一直到他逝世，也包括他对后世的影响。书中着重介绍他创作《歌唱祖国》的经过，表现他人生中的闪光点，以及爱情故事等，语言生动，富有传奇色彩。

这六部书稿，既立足于河西，反映地域特点，同时又选取具有较大历史价值和文化价值、在全市乃至全国有一定影响的人物和事件来写，使这套丛书的内容既是"河西的"，又是"天津的""全国的"。

我们相信，由河西区政协编辑、天津社会科学院出版社出版的"海河西岸记忆丛书"第二辑的出版发行，一定能够进一步彰显河西区的历史文化底蕴，使广大读者通过详细了解家乡的历史文化，激发起爱国爱乡的热情。

2020年10月23日

目 录

引 言

像塞纳河在流经巴黎最紧要的部位时出现了一个可爱而微妙的转弯一样，我们天津的母亲河海河在流经市中心处也出现了一个同样弧度的转弯。在转弯处的这段旧称“老龙头”的河干上，架着一座被传说为出自巴黎埃菲尔铁塔设计师居斯塔·埃菲尔之手的万国桥,也就是今天的解放桥。它钢筋铁骨,雄伟壮观,它是海河上最著名的大桥,也是天津的标志性桥梁。不仅如此,解放桥的特殊意义还在于,它为那些刚刚从天津火车站下车的来自五湖四海的宾客们，由北向南地拉开了一段堪称天津城市历史文化宏大叙事的帷幕。大幕后面的主角,便是本书的主人公——解放路。

1863 年，英国基督教圣道堂牧师殷森德从英国女王驻天津的代表手里买了一块地,盖了一家饭店。这家饭店当时占地六亩,为英式平房,瓦楞铁顶,被称为“泥屋”“老屋”。1886 年,殷森德又与人集资,将“泥屋”改建成一座具有英式古典建筑风格的三层豪华饭店,大门设在英租界维多利亚道,即今解放北路。殷森德按照自己姓氏的中文译音,将饭店命名为“利顺德饭店”(Astor Hotel),并巧妙地把中国孟子的治世格言“利顺以德”蕴含其中。

利顺德大饭店是天津开业最早的著名外资饭店，也是中国开业最早的外资饭店之一。它是近代以来中国政治活动、经济活动和外交活动的重要场所,孙中山、黄兴、宋教仁、张学良、溥仪、蔡锷、梁启超、袁世凯、徐世昌、曹锟、段祺瑞、顾维钧、陈嘉庚、傅作义、十世班禅、梅兰芳、胡佛、西哈努克等近现代风云人物和中外著名人士,都曾下榻于此。

利顺德饭店对中国和天津本地的发展也发挥过积极作用。中国最早的大学——北洋大学是利顺德饭店的股东参与投资建立的。1886 年从唐山到天津的中国第一条铁路是饭店股东说服李鸿章修建的。在中日甲午战争中立下战功的北洋水师战舰“利顺号”也是利顺德饭店捐赠的。中国第一条有线电话线路从天津直隶总督官署到南郊葛沽，利顺德饭店是中继站,同时它也成为全国最早使用电话的企业。利顺德饭店里设有一部老式电梯,20 世纪 20 年代安装,至今仍性能完好、运行顺畅,是中国现存历史最为悠久的一部电梯。

利顺德本身就是一部历史，同时它也是见证历史的一部珍贵的相机。如今,利顺德博物馆的牌子就挂在饭店解放北路一侧的入口处。这家历史文物和老照片藏品丰盈的博物馆,是中国唯一一家豪华酒店专属的博物馆。

1876 年,大清海关总税务司、英国人赫德请设送信官局,清廷总理衙门议定赫德主持仿照欧洲试办邮政。1878 年,天津海关书信馆率先收寄中外公众信件,中国近代邮政由此发端。1880 年,天津海关书信馆改称海关拨驷达局,1884 年,迁入法租界中街新址,即今解放北路与营口道交口东北侧。1887 年,改为天津大清邮政局,即大清邮政津局。

天津当时作为全国邮务管理中心和邮运组织中心，在邮政史上创造了众多“第一”,包括中国第一个邮政机构海关书信馆、第一个邮政公告《五一公告》、第一条邮路津京骑差邮路、第一个邮政代办机构华洋书信馆、第一套邮票“大龙邮票”、第一长度的陆上邮路“万里邮路”,等等。邮政的开办与进步,真正实现了中国人“永通万国”的梦想。

解放北路上的大清邮政津局大楼是中国现存唯一的清代邮政局房，是欧洲古典主义风格与中国传统砖雕工艺相结合的仿罗马式建筑,其转弯处的八角楼造型独特,像个邮筒,面朝八方,似有邮政业务四通八达之意。此楼早已开辟为天津邮政博物馆,这是全国首家邮政博物馆。

1873 年,天津大营门外梁家园,即今解放南路海河中学所在地,曾作为海军教习所,开近代新学之先河。1886 年,还是在这里,由津海关税务司德璀琳集资,兴办了博文书院,这是天津第一所培养外语人才的学校。

1892 年,洋务派大有实力的人物盛宣怀出任天津海关道,与美籍教育家、美国驻天津领事馆副领事丁家立经常研讨办学之事,并着手筹办一所新式学堂。1895 年春,盛宣怀将经过详细研究讨论制定的实施计划向清朝重臣、洋务派首领李鸿章禀请具奏。9 月 19 日,盛宣怀拟定了《拟设天津中西学堂章程禀》,递交给新任直隶总督兼北洋大臣王文韶。王文韶将盛宣怀的方案改为《津海关道盛宣怀创办西学学堂禀明立案由》,上奏朝廷。1895 年 10 月 2 日,光绪皇帝批准了盛宣怀的奏章,下令成立天津北洋西学学堂,校址设在博文书院原址,即今解放南路海河中学校址。北洋西学学堂,是北洋大学、天津大学的前身,系中国第一所官办高等学府。海河中学校园,成为中国近代高等教育的发源地。

从博文书院，历经北洋西学学堂、德华中学堂、大营门中学、女一中，到海河中学，解放南路旁的这块兴学宝地，为社会培养了大量的优质人才，创造了天津教育史乃至中国教育史上的一个又一个奇迹。百年老校，历久弥新，钟灵毓秀，薪火相承。惟楚有材，于斯为盛，英杰校友，灿若群星。

解放路上，发生过可歌可泣的民族奋争故事。其中爱国人士护藏国宝金编钟的事迹，几乎家喻户晓。金编钟原为祝贺清代乾隆皇帝八十大寿而打造，共十六只，黄金材质，工艺价值和文物价值极高。民国建立后，逊清皇室为了维持庞大的生活开销，将金编钟等文物抵押给盐业银行。后因无力偿还，此批文物归盐业银行所有，1932 年转移到天津盐业银行。七七事变后，日本特务机关盯上了金编钟，盐业银行总经理吴鼎昌发报给天津盐业银行经理陈亦侯，让他将金编钟毁掉。陈亦侯为保护国宝，联系到四行储蓄会天津分会经理胡仲文，在 1940 年 4 月的一个夜晚，将国宝转移到四行储蓄会地下室一个不起眼的仓库，并用八吨烟煤末堆在门口。国宝躲过了多方打听和追查，被安全保护下来。天津解放后，胡仲文函呈市军管会，献出了金编钟。金编钟完好无损，回到了故宫的珍宝馆进行陈列。铭记着这段光荣历史的四行储蓄会大楼，今天仍然屹立在解放北路上。

解放路上，也留下了天津人民扬眉吐气的故事。1945 年 10 月 6 日上午，在原法国公议局大楼门前的克雷孟梭广场上，举行了由美国海军陆战队第三军团司令骆基中将主持的天津接受日军投降仪式，天津市正副市长张廷谔、杜建时等中方人员应邀参加了受降仪式。日本驻屯军司令官内田银之助中将等日军军官解下佩刀，代表日方在投降备忘录上签字。自此，日本在天津的殖民统治宣告结束。今天，走在解放北路与承德道交口西侧这座典雅而雄伟的大楼前，眼前总会映现出老照片上记录的那场隆重而庄严的仪式。

解放路最常被世人称道的，还是它作为“东方华尔街”的寸土寸金，作为“万国建筑博览会”的奇光异彩。

盐业银行大楼窗上镶有盐滩晒盐及帆船运盐景象的彩色玻璃，尽显富丽堂皇；东方汇理银行大楼屋顶上的帕拉第奥式亭子，足具灵动超逸；汇丰银行大楼正面的爱奥尼克巨柱式门廊，气势极为壮观；金城银行大楼顶楼向外探挂的时钟，细节十分精彩；华俄道胜银行大楼穹顶的采光亭，仿佛呼应着遥远的异域文明；新华信托储蓄银行大楼外檐的石材饰面和细长开窗，似乎宣示着现代主义经济生活的到来……

具有160年历史的解放路，是近代以来天津乃至中国的一幕大剧、一部巨著、一首史诗。对于解放路，本来实在是难以用一个词、一个成语来概括的。当下，因为我们一定要写写我们的解放路，也只好用“流金溢彩”来给它做个书名了。我们的解放路，葆有着流金岁月丰厚的历史文化底蕴，更会开启一个异彩纷呈而且愈加美好的明天。

一 解放路概观

近代第一路

解放路的形成和发展，与天津近代以来的历史发展紧密关联。解放路的日趋繁荣，体现着天津城市地位的不断提升。

1860 年，第二次鸦片战争以清政府失败而结束，《北京条约》被迫签订，天津由此开埠，英、法两国率先在海河西岸的紫竹林一带设立租界。作为两国租界最主要道路的“中街”，即开始规划与修筑。中街起自今解放桥南堍，以今营口道为界，北段贯穿法租界，又称“大法国路”；南段贯穿英租界，又以当时在位的英国女王的名字称为“维多利亚道”。英、法租界中街加上后来延伸至美租界的道路，长约两千米多，大致相当于今天的解放北路。

由此算来，解放路自初建至今，已有 160 年的历史。解放路是天津建设最早的近代化道路，也始终是近代各国租界中最重要的道路，更是一部浓缩的天津百年城市发展史。

随后，在英租界的南面设立了美租界，后来并入英租界。1895 年，德租界在美租界的南面设立，其最主要的道路也是中街，正式的路名以当时德国皇帝的名字叫作“威廉街”。此路与法、英租界中街相贯通，由北向南，先是修筑至梁家园附近的

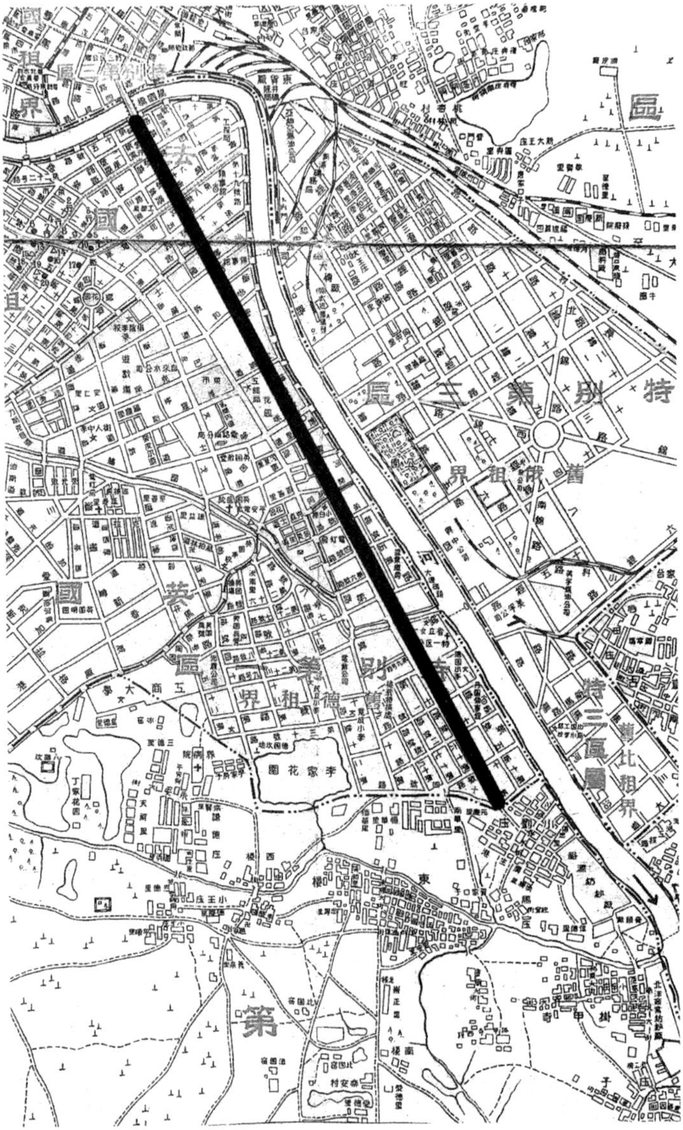

地学研究所印行的 1936 年天津地图，深色路线相当于今解放北路和解放南路北段

1938 年的英租界中街

墙子河，即今海河中学旁的南京路；后来延伸至德租界南端，即今小刘庄旁的琼州道。德租界威廉街长约两千米，大致相当于今天的解放南路北段。

第一次世界大战后期，中国政府收回天津德租界，改为特别第一区；一战结束后，威廉街以时任美国总统的名字改名为“威尔逊路”。天津沦陷期间，日伪当局对其控制的天津市区的地名重新命名编号，也涉及与今解放路相关的一些道路。1945 年抗日战争取得胜利，天津各国租界完全收回，国民党政府将旧英、法租界中街改为“中正路”，将坐落在英租界中街的维多利亚花园改为“中正公园”。1949 年 1 月 15 日天津解放，市人民政府于 25 日即发出通告，更改市内七处道路、桥梁、公园的名称，其中四处涉及今解放路：中正路改为“解放北路”，威尔逊路改为“解放南路”，中正桥改为“解放桥”，中正公园改为“解放公园”。

从“大法国路”“维多利亚道”“威廉街”“威尔逊路”“中正路”到“解放路”，这些名称足以显示出这条路在近代以来天津城市中特殊重要的地位。

1959年，解放南路从琼州道延长至天津南部尖山居民区和陈塘庄工业区。今天的解放路，包括解放北路和解放南路，北起解放桥南堍海河边的张自忠路，南至外环南路与津港公路相连，总长约12千米，路经和平、河西、津南、西青四区，其中河西区部分约占整条路的60%。

解放北路和解放南路北段，基本上与海河平行，交通地位极为重要。英、法租界中街，是天津汽车行和加油站比较密集的地方。20世纪初以来，解放路也是天津有轨电车、无轨电车、公共汽车、郊线汽车、地铁等行驶和穿过的重要道路。其中在解放路行驶路线最长且时间最久的，是先用无轨电车后改公共汽车的93路和96路。从20世纪50年代末至20世纪末，小刘庄公共汽车总站是解放路上最重要的公共交通枢纽。

在与解放路相交的数十条道路中，有很多历史地位或交通地位比较重要，如张自忠路、滨江道、赤峰道、承德道、营口道、泰安道、曲阜道、开封道、徐州道、蚌埠道、南京路、绍兴道、奉化道、琼州道、围堤道、大沽南路、黑牛城道、郁江道、珠江道、外环南路等。解放路曾跨越墙子河、废墙子河，现跨越复兴河、卫津河等市区重要河流，沿途设有解放南路立交桥及郁江桥、南珠桥等大型立交桥。

今天的解放路，是天津市区最长的南北向主干道，贯穿市区中南部，同时也是河西区域内最长的贯穿南北的通衢大道。

东方华尔街

“东方华尔街”今貌

我们之所以用“流金溢彩”来概括跨越了三个世纪的解放路，是因为它首先就像一条流淌着金子的道路，是一条金融之路。

银行街，也叫金融街，以美国纽约的华尔街最为著名。近代天津的英、法租界中街，也就是今天的解放北路，中外银行麇集，成为中国北方的金融中心，有“东方华尔街”之称，而其街道长度则数倍于纽约华尔街。其实，在近代中国其他一些大城市也出现过“银行街”的称呼，如北京的西交民巷，但其终究没有天津银行街这么大的规模和影响。

天津开埠后，英、法租界中街作为租界早期最主要的道路，兼有政治、经济、外交、交通等综合功能。1880年，英国汇丰银行最早在天津筹设，一大批外国银行随后涌入。各国银行为显示实力，相继在英、法租界中街一带建造了气势雄伟、规模壮观的银行大楼。不仅英、法、美等国的银行设在英、法租界中街，日、德、俄、比、意等国虽然在天津辟有本国租界，却也将银行设在英、法租界中街。北洋时期时局不稳，战乱频仍，华商银行为求安全，也纷纷向英、法租界转移。后来国民党政府中央银行也设在英租界中街。中外银行日趋集中，使得英、法租界中街逐渐形成金融专业色彩浓郁的银行街。

在1926年10月6日《大公报》的报道中，明确提出了天津“银行街”的概念：“本埠英租界，由维多利亚路南首，以至法租界北首，新筑一大围墙，闻系中法实业银行所购基地……汇丰银行之新基地亦在维多利亚路之尽端。正金银行亦将移至该路……将来各行工程告竣，马路更形加宽，是则英、法交界处，各大银行矗立一排，直成一银行街。邻近维多利亚路之各大马路转角及维多利亚路全线，均划出白线，禁止各项车辆擅行闯入，以保清洁而维路政……”说明天津“银行街”不仅在建筑上有规划，而且在道路交通方面也有管理措施。转年，新万国桥在法租界中街北端竣工开通，亦可视为完善银行街交通功能的重要标志。

至1947年，据中央银行统计，天津官办、商办、外商办的银行总行或分行共有51家，设在这条银行街上的就有27家，包括所有的外商银行9家。此外，靠近这条街的银行还有13家。这样，设在银行街的银行总共为40家，占天津所有银行的近八成。设在这条街及附近的其他金融机构，还有1家信托公司、12家保险公司和天津证券交易所。天津银行界的行业联合组织——银行和钱业两个公会也都设在这条街上。可以说，这条街是名副其实的银行街。

1949年1月15日天津解放，中国人民银行天津市分行转天即在解放北路营业。新中国成立初期，因为上海受到敌对势力的封锁，当时天津成为中国最大的对外贸易港口，其作用举足轻重。人民政府金融管理部门在建立人民币汇率管理体制过程中，多倚重于人民银行天津分行、中国银行天津分行等金融管理机构。当年天津口岸人民币汇率管理的实践，为新中国汇率管理体制建设立下首功。

中华人民共和国成立后，中国金融业许多开拓性工作都从天津起步。1949年，成立了新中国首家国营证券交易所——天津市证券交易所；天津投资公司于1951年发行了新中国第一只股票——"天津投资股份有限公司股票"；1949年，中国人民银行天津市分行在全国首先开办了小额质押贷款业务；中国人民银行天津市分行是全国首家公布外汇牌价的银行；肃清伪币、建立和巩固统一的人民币市场工作首先在天津市完成；天津还是第一个开展私营行庄联营的城市。

根据国家统一部署，1998年12月16日，中国人民银行天津分行在解放北路正式挂牌，成为中国人民银行的派出机构，管辖天津市、河北省、山西省和内蒙古自治区的金融业务。

近年来天津金融业形成了以银行、保险、证券、基金、租赁、保理、财务公司总部为主体,包括信托、证券、期货、服务外包等各类金融机构在内的多层次、多元化、开放型金融机构体系。今天,解放北路仍然密集着银行、保险、证券、信贷等机构,金融活动十分活跃。这条“寸土寸金”的老街,承续着“流金岁月”,创造着新的辉煌。

建筑博览会

“流金溢彩”，最直接、最形象地体现在解放路两旁光华四溢、多姿多彩的建筑上。天津由于保存着近代以来数百座小洋楼而被称为“万国建筑博览会”，其实解放路就是“万国建筑博览会”的样板和缩影。

在解放路上，坐落着大量的被列入各级文物保护的建筑和历史风貌建筑。特别是解放北路，几乎完整地保存着20世纪二三十年代的街道风貌，几乎每一座历史建筑都具有不凡

令人目不暇接的“万国建筑博览会”

的身份和特殊的故事，它们也都成为建筑技术和建筑艺术的样本。

因为解放北路的首要功能是金融中心，所以银行建筑风格是它的主旋律：庄严、稳定、华丽、大气。

必须提到的是，解放路还具有重要的行政中心功能。历史上，英、法、德租界的统治机构都设在中街，美国、比利时等多国的领事机构设在中街，实际执行政治和外交职能的日本领事住宅也长期设此。有些驻津外国机构的职权并不仅限于天津，如英国驻津总领事馆，其管辖范围包括河北、河南、山西、热河、绥远、察哈尔等省，一度还包括东北地区。中华人民共和国成立后，中共河北省委、省人民委员会机关曾经设在解放北路，天津市人民政府、政协天津市委员会曾经长期在解放北路、解放南路办公，天津市人大常委会至今仍在解放北路办公。高级行政中心功能的建筑风格与金融中心的建筑风格并不矛盾，它们在庄重、肃穆方面十分相近。包括各国洋行大楼，以及英、法、德等国的俱乐部和美军俱乐部建筑，亦不失典雅、庄重的风格。

此外，解放路上还有一些其他功能的建筑，如以利顺德大饭店为代表的饭店建筑，以利华大楼为代表的写字楼建筑，以大清邮政津局为代表的邮政建筑，以天津印字馆为代表的文化建筑，等等。英国人在天津开设的“八大行”，包括汇丰银行、麦加利银行、怡和洋行、太古洋行、开滦矿务总局、亚细亚火油公司、卜内门公司、颐中烟草公司，这些涉及不同的经济领域、业务范围远远超出天津的大公司，也多设在中街。在法租界中街北段相当于今津湾广场一带的“红楼后”地区，尤其是英租界中街南段以至与德租界中街相交处的小白楼地区，还聚集着一些商贸型性建筑。这些不同功能的建筑，总体上属于服务性、辅助性建筑，通过它们，可以反映解放路建筑风格的丰富多彩，体现文化的多元性，但是一路看过去，并没有明显的突兀或失调之感。

解放北路浓缩着一百多年的漫长岁月，铺陈着西方流行的几个阶段的建筑风格。给人印象最深的，是20世纪20年代建造的古典主义建筑。从中法工商银行大楼，到日本横滨正金银行大楼、英国汇丰银行大楼、美国花旗银行大楼，再到英国麦加利银行大楼，沿街立面或采用雄浑刚健的科林斯柱式，或采用柔美典雅的爱奥尼克柱式，这一排排巨柱，把文艺复兴思潮与资本主义上升时期的自信，淋漓尽致地展现出来。而20世纪30年代建成的新华信托银行大厦则是典型的现代主义的建筑，明快简洁的造型反映了资本主义高速发展时期的实用主义与效率观念。

从罗马式、罗曼式、日耳曼式、俄罗斯古典式、希腊式、文艺复兴式、哥特式、浪漫主义、折中主义到现代主义，解放路上丰富多彩的欧陆风格建筑，给人们留下了极为深刻的印象。实际上，解放路的建筑风貌是中西文化的融合与升华，其中有不少中国著名建筑师的杰作，蕴含着鲜明的中华优秀文化元素，融汇着浓郁的天津地方工艺色彩。

解放北路现存建于19世纪的西式建筑多座，如大清邮政津局、华俄道胜银行、太古洋行、戈登堂附楼、利顺德大饭店等，虽然经历过战争、大水灾和大地震，但能基本保持原貌，这在中国是极为罕见的，值得倍加珍惜。

改革开放以来，解放北路的历史文化价值越来越受到重视。保护好解放北路的历史风貌，早已成为全市人民的共识。

在近些年的解放北路改造工程中,无论是路面还是绿化,在设计风格上都特别注重了与周围风貌建筑环境的协调。无论是白天还是夜晚,这条街都别有风情。一路行来,会让人有一种时光倒流的感觉,但穿行的车流和不断闪过的建筑保护标牌却又提醒人们,这里是21世纪的天津。

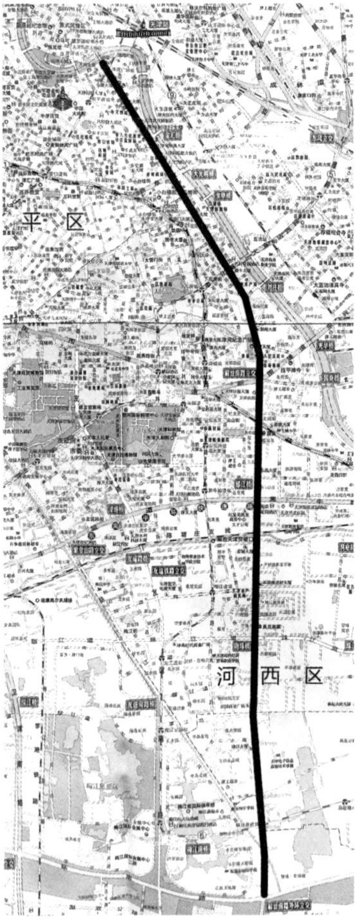

中国地图出版社出版发行的2020年天津市交通旅游图,深色路线即解放路全线

创新领先路

一百多年来，解放路创造了无数个天津第一乃至全国第一，始终走在城市发展和社会进步的前列。

解放路上近代出现的北洋西学学堂、天津轮船招商局、利顺德饭店、天津印字馆、大清邮政津局、新万国桥等，尽管各自具有复杂的历史背景，但无疑都属于先进事物，或成为社会进步的重要基地和媒介。

就连解放路上的西餐厅、电影院、照相馆、理发店、汽车行、裁缝铺，包括中华人民共和国成立后设在解放北路的友谊商店，都是天津理念、设备、样式、成品诸方面最新颖、最时尚、最高端的产业。

新中国成立后，特别是改革开放以来，解放路在引领城市发展、带动社会进步方面发挥的作用，尤为突出。

企业改革方面，我们以解放南路天津环球磁卡公司股份有限公司为例。这家公司主要以数据卡、印刷品、智能卡应用系统及配套机具为主业，开创了中国的数据卡制造业先河，是中国制卡业和印刷业的先行者、城市一卡通公共交通智能终端和系统集成的行业领军者。它是天津首家向社会公开发行并在沪上市股票的企业，也是中国制卡行业唯一一家上市企业。

商业创新方面，我们以解放北路南端小白楼海信广场为例。海信广场所代表的新型商业业态,加速了天津百货业升级重装的进程。天津海信广场于2007年开业,客户群锁定都市白领。作为时尚潮流聚集地,开业时已拥有六百多个国内外著名品牌,许多顶级品牌是首度入津。包括卡地亚、古奇、阿玛尼、登喜路、范思哲、施华洛世奇、伯爵等在内的国际著名品牌三百多个,其中独有品牌一百余个,世界级品牌的比例达到品牌总数的80%。如今的小白楼,正以全新的面貌,承载城市中心经济,助力天津社会发展。

服务业创新方面,我们以解放南路环渤海家居中心为例。环渤海建材中心包括环渤海家居装饰大厦、环渤海五金材料大厦、环渤海建材陶瓷大厦,经营木材、石材、陶瓷、灯具、五金、地板玻璃和装饰辅料在内的万余种商品，是天津规模最大、品类最全的集展示、交易、仓储、加工、配送于一体的大型建材交易市场,并且拥有北方规模最大的建材互联网平台。在环渤海家居中心的带动下,在其所在地块,已成为天津家装市场的重要聚集区并不断扩大。居然之家、珠江装饰城和电器五金商城，以及同在解放南路相距不远的多家大型装修建材卖场,如登发装饰家具基地、红星美凯龙国际家居市场,它们使“环渤海”区域成为建材家装行业一站式采购中心,并在天津始终占有较大市场份额。除经营建材和家装产品外,环渤海集团还提供配套机电五金及施工机械,同时拓展了汽车销售、维修和保养等业务。环渤海汽车城包括汽车用品市场、汽车配件市场、汽车轮胎市场、汽车改装美容中心、汽车维修中心、新旧

一条面向未来的创新领先之路

车交易市场及车友俱乐部，是天津最大的汽车零配件批发基地和汽车后服务型市场，被中国汽车流通协会确定为“中国汽车美容装饰品诚信示范基地”和“中国汽车配件交易集散中心”。

在城市住宅改革和居住理念创新方面，我们以解放南路南段西侧的梅江居住区为例。以梅江为代表的新型生态居住区，追求人与自然、建筑的三者和谐统一，注重人文化、生态化，成为行业标杆，提升了新时期天津城市住宅水平。该区域以“生态”作为最大亮点，在规划标准时，即已确定绿化率不低于35%，有水面的小区湖景绿化率达到40%以上。广阔的水域面积，满足了人们喜爱傍水而居的情结。风景优美、交通便利的居住区域，无疑是衡量住宅档次最核心的价值标准。在绿化、水电气、娱乐休闲配套型小区的基础上，梅江着力打造更高层次的社区人文氛围、水环境和园林环境相融合的新型居住方式。梅江的成功，带动了新时期天津房地产的发展，并为城市规划建设提供了一种有益参考，成为天津城市发展的方向。

跨越了三个世纪的解放路，在天津这片充溢着开放进取精神的热土和沃土上，一直是一条实力雄厚、意气风发的创新之路、领先之路。

二 解放北路北段

解放桥

解放路，是以解放桥为开端的。解放路与解放桥，也是在天津解放最初的日子里，被同时命名的。

解放桥原称“万国桥”（又称“法国桥”），是海河上最重要的桥梁之一，也是天津的标志性桥梁。远道而来的旅客们走出天津火车站（旧称“老龙头火车站”，习惯上称“东站”），看到这

老明信片上的万国桥，可见英文名称为“International Bridge”

座钢筋铁骨、雄伟壮观的大桥，才觉得自己真正到了天津这座繁华的大都市。

万国桥地处天津内外交通要冲，它北连天津火车站和原俄、意租界，南通原法租界。实际上，由于它位于城市中心而又扼守天津最大的火车站，加上它的下游长期没有固定的桥梁，所以各国租界和中国辖地都需要它来沟通，是名副其实的“万国桥”。万国桥，实取各国洋商总会与中国政府共管之义，反映了近代中国半殖民地半封建社会的历史背景。

在今天的解放桥还没有建造时，海河下游老龙头火车站附近有一座被称为“老龙头浮桥”的船桥。1902年，法国要求清政府在今解放桥下游一百多米处修建一座铁桥，即“老龙头铁桥”。该桥共分四孔，采用变高度的连续钢桁架。工程费为25万法郎，全部由天津都统衙门支出，法国技师监造，法国费福林公司承包。老龙头铁桥于1904年竣工，原老龙头浮桥同时被拆除。

随着城市交通的快速发展，老龙头铁桥逐渐无法满足往来天津火车站的陆运交通需要，因“天津商业发达，交通繁盛，该桥狭窄，时极拥挤”，而且固定桥跨又限制了海轮通航，影响了各国租界的利益，故亟须建造新桥。1927年，在它的上游建成新万国桥(即今解放桥)，随后将旧老龙头铁桥拆除。

新万国桥建设工程由法租界工部局主持，因此也曾叫“法国桥”。海河工程局曾于审标时参与若干意见，当时投标者有17家，而设计方案竟多达31种。几经审查后，优选出开合桥的故乡美国芝加哥的布施尔泽尔桥梁公司的设计方案。工程交由法国著名营造商戴德·萨德与施耐尔公司承包。原定工程费用以100万两白银为限，但开工以后造价大为提高，共计190

万两白银,成为海河上造价最高的桥梁。

曾有人认为,这座风格独特、现代感极强的铁桥,实际上出自法国巴黎埃菲尔铁塔的设计师居斯塔·埃菲尔之手。但据有关专家考证,设计者是埃菲尔的可能性并不大,因为那时距离他逝世还不到两年,而建造桥梁是要到实地考察的,他不大可能在那时到天津来并主持建造这座大桥。

万国桥长 97.64 米,桥面总宽 19.5 米,分三孔,中孔可开启,为双叶立转式,是天津市区最大的一座全钢结构可开启桥梁,即开合桥。这种类型的开合桥在美国芝加哥造得最多,所以又称芝加哥式开合桥。旧时每日定时开启,经过的大小船只通行无阻。1965 年将开启跨桥面的系统全面更换,并进行开启试验,运转良好。桥的开启控制中心由坐落在南岸东侧的司机室操纵,司机室操纵着全桥的动力和线路,仅需一分钟就可以完成全桥的开启。解放后这座桥也开启过多次,至今尚保留着开启的结构形式和开启设备。

1934 年出版的《天津概要》中记载:“本市已有桥梁将及五十座之多……租界内侧有十一, 而以法租界与特三区相连之万国桥为最大,其工程之巨可为全市之冠。”1946 年,万国桥改称“中正桥”。

1949 年 1 月 15 日天津解放,1 月 25 日市人民政府即发出通告,更改市内部分道路桥梁名称,将中正路改为“解放北路”,中正桥改为“解放桥”。

天津解放初,解放桥仍是天津最大的桥梁,行人车辆,来往频繁。在天津解放战斗中, 该桥曾被炮火炸毁主要立梁一支、铁板二块,以致载重车辆驶过时,桥身即发生轻微颤动。市有关部门极为重视,经军管会水利处派人检查,并拟定补修计划，交海河工程局迅速补修。该局于 1949 年 2 月 1 日开始动工，至 12 日完工。

解放桥修竣后，为适应大型船只驶入内河，海河工程局特通知所属解放桥管理所人员，将桥上久未动用的开启机以机油重新擦过后，于 1949 年 4 月 9 日下午 4 时试验开桥。这是天津解放后解放桥第一次试开桥。同年 9 月 8 日晨 0 时 30 分至 5 时，又开桥四个半小时，由华北水利工程局海河工程处修理该桥活动桥之间连接的木梁。

解放桥开启是关系到天津市民出行的一件大事，所以每次开桥有关部门都要提前在主要报纸上发布预告。如 1956 年 6 月 8 日和 9 日，天津市建设局连续两天在《天津日报》发布关于开关解放桥的通告："为定期运转解放桥启闭设备，订于 6 月 10 日晨 5 时至 6 时开、关该桥（但遇机械设备发生意外故障时，可能延长时间）。届时将临时断绝交通，车辆行人希绕道而行。特此通告。"

解放桥开桥仪式已成为一项人文景观

参加解放桥开启仪式的人群

随着海河水运功能的逐渐退化，以及桥上行人行车的需求，解放桥开启次数逐渐减少，20世纪最后一次开启是在1973年。

2005年，“高龄”的解放桥接受了一次大“手术”，恢复了开启功能。为此，天津城建设计院与同济大学曾先后两次联合对该桥进行了荷载试验和病害检测。在桥梁结构检查中发现，该桥锈蚀严重，并有加重发展的趋势。根据“手术”方案，解放桥按照“修旧如旧”的原则整修、翻新，不添加新的设计元素。整修主要包括三个方面：恢复原有开启功能，对桥上所有零件进行修复和养护，重新铺装桥面。具体的施工内容，包括平衡重合尺座梁与弧形梁的拆除，主桥损坏构件的现场修复，结构杆件的除锈、防锈涂刷处理，以及照明施工等。经过此次“手术”后，解放桥的寿命大大延长，原有的开启功能也得以恢复。当有大型游轮通过时，解放桥桥面将从中间向两侧向上打开，直到与原桥面接近垂直，同时双叶向后移动，充分提供通航宽度,保证游轮顺利通过。人们可以站在海河两岸,欣赏解放桥开启的壮观场面。

2019年7月1日晚上,解放桥盛装开启,海河两岸火树银花,津城百姓万人围观,其壮观美景惊艳海内外,一时成为“网红”。据悉，今后每逢重要节假日，解放桥都将实现常态化开启。

交通仍然繁忙的解放桥

津湾广场

旅客们从天津站前广场走出，映入眼帘的即是海河对岸瑰丽巍峨的津湾广场。津湾广场坐落于解放北路北端，名称中的“津湾”二字，基本描述了它所坐落的位置。津湾广场沿解放桥至赤峰桥段海河南岸而建，整体区域由解放北路、赤峰道和张自忠路围合而成。整体分为一期和二期两部分，一期于 2009 年建成，二期主要兴建商务办公、酒店公寓等高层建筑，于 2018 年完工。

津湾广场早已成为天津的城市名片

今天的津湾广场，大致相当于近代法租界的“红楼后”地区。这个地区由于老龙头铁桥的修建和有轨电车的开通，在20世纪初曾经繁华一时，早于20世纪20年代形成商业中心的法租界劝业场地区。

津湾广场的建筑风格与解放北路历史文化街区相匹配，运用西方建筑元素，造就古典主义、折中主义等多种风格。不同建筑间高低错落，西北侧的塔楼造型丰满，成为近景建筑的点睛之笔，整体形态自然而又不失韵律感。此外，设计师通过现代建筑中的玻璃门窗，为建筑带来简洁光亮效果，展现时代感。同时，建筑群充分考虑游人、建筑、广场的空间关系，低层或裙楼多做成敞开式柱廊，使广场与建筑自然衔接，既满足日常需要，又在各角度提供观赏建筑的最佳视线。

津湾广场是集观光、剧院、影院、餐饮、休闲、购物、办公等多种业态为一体的综合性建筑群，设有大型停车场开放式广场、海河亲水平台。4号楼的津湾大剧院，从营业至今，承办了包括歌剧、话剧、交响音乐会、芭蕾舞剧、儿童剧等各类演出数百场。2019年底曾举办维也纳皇家交响2020新年音乐会。坐落在6号楼的中影国际影城，由中国电影集团公司投资建设，建成时为天津设备最为先进的影院之一。影城配合津湾广场“城市核心不夜城”的定位，具备巨幕影厅、VIP电影头等舱、数字3D影院等特色。

津湾广场9号楼，是建筑群中最高的5A级写字楼，由70层塔楼、4层裙房和4层地下室组成，总高度达到300米，塔楼主体结构为钢框架核心筒结构。在建筑顶部设置了海河畔唯一辐射津京商圈的停机坪，同时从德国引入了全国首例载重最大、速度最快的双子电梯。双子电梯是两个轿厢在同一井道独立运行,可使两名乘客同时抵达不同楼层。当一个轿厢的乘客进出电梯时,另一个轿厢照常运行,最大限度地缩短乘客乘梯时间。津湾广场9号楼的建成,成为天津金融城的核心标志和滨江道商圈的超高层地标。

作为天津展现国际化都市形象的名片，津湾广场不仅成为各地介绍天津的城市宣传广告的绝佳背景，还是“网红天津”和文化旅游城市的重要符号。在无人机摄影爱好者的俯拍镜头中,津湾广场灯光璀璨,与海河的波光艳影交相辉映,极具摩登效果,凸显浪漫风情。

百福大楼

解放北路北端东侧的百福大楼，造型极像一艘准备启航的舰船，停靠在海河岸边、解放桥头，体现了建筑设计者独特的创意，具有鲜明的象征主义表现风格。大楼以“百福”为名，也赋予它所引领的天津重要的解放路以吉祥通达的美好寓意。

船形建筑，濒临海河，极具创意

1926年，百福大楼由比利时仪品公司法籍工程师孟德尔松设计始建。2009年整修百福大楼时，其竣工铭牌被重新发现，显示这座大楼建成于1927年。该楼原为集商业、办公、公寓式住宅于一体的综合性大楼。主体为钢混全框架结构,高五层,局部带地下室,建筑面积3973平方米。平面和立面均呈船形。檐部、顶部处理独特。檐部作断开式檐口,间以高突梯形山花相隔,间设天窗,均与折坡状屋顶相交。屋顶不同部位相应设置若干金属杆,用以装饰和避雷。该建筑目前是天津市文物保护单位、重点保护等级历史风貌建筑。百福大楼现为津湾广场建筑群的组成部分,在楼上的餐厅可以凭窗饱览天津站、解放桥一带的海河美景。

“百福”二字,音译于其法文名称“BELFRAN”,这个词是“比利时”的法文单词前三个字母“BEL”与“法国”的法文单词前四个字母“FRAN”的组合。这与百福大楼建造于法租界,它的拥有者比利时义品公司属于受法国直接控制的比利时财团体系有关。

建筑在路口处做弧形处理,立面辅以舷窗式的圆窗,好似舰船造型

百福大楼建成后，苏联保成保险公司、英商卜内门洋碱公司、美商亨茂洋行、惠通航空公司、日本华北农事试验场军粮城支场事务所等，都曾租用百福大楼办公经营。中华人民共和国成立后，百福大楼曾为天津市第二电子仪器厂办公楼。

1949年10月和11月，京剧大师梅兰芳阔别13年后再次来津，在中国大戏院演出《苏三起解》《春秋配》《龙凤呈祥》《霸王别姬》等，轰动一时，黑市票价竟炒到高于原价十余倍。梅兰芳是10月30日晚上由京来津的，预定住在利顺德饭店302号，可是一直到深夜，在饭店迎候他的戏迷们也没能等到他。原来梅兰芳一下火车就不声不响地就近住到了百福大楼，那里有他一位老同学家的公寓。有的记者闻讯后，还到那里采访过他。

新华信托储蓄银行

在解放北路与滨江道交口西北侧，有一座高层银行建筑，这就是原新华信托储蓄银行大楼，又称新华大楼。该楼现为和平金融创新服务大厦，天津市文物保护单位和重点保护等级历史风貌建筑。

新华信托储蓄银行前身为新华储蓄银行，由中国银行和交通银行合资创办，成立于1914年。总行设于北京，后开设天津、上海分行。1931年银行改组并更名为新华信托储蓄银行，总行迁至上海。该行以“提倡社会储蓄，培养人民俭德”为宗旨，主要业务为存放款、经收信托款项、买卖有价证券等，并发行流通储蓄券，后又推出整借零还小额贷款，首创人寿储金、生活储金、教育储金。该行因存取两便，储蓄无定期约束，随时可取有定期收益，深受顾客欢迎。1936年1月，新华信托储蓄银行天津分行迁入新华大楼，并举行了盛大的开幕仪式。天津解放后，该行成为人民银行批准代营外汇的指定银行之一。1952年，该行与其他银行合并改组为公私合营银行，由公私合营银行联合总管理处管理。香港分行继续营业，20世纪80年代接受中国银行投资，成为中国银行全资附属机构。2001年，中国银行重组在港机构，合并了包括该行在内的十家银行的业务。

原新华信托储蓄银行大楼建于1934年,占地面积约1100平方米,建筑面积约9200平方米,由华信工程司著名建筑师沈理源设计,它也是沈理源设计的第四座天津银行建筑。正门面向路口并用铜板装饰,营业大厅贯通一二两层,入口门套、过厅柱子、地面和墙壁全部由彩色大理石镶贴。另在北侧和西侧设门,供其他机构和承租公事房者使用。大楼主体六层,转角处局部八层,钢混框架结构,外檐采用石材饰面,开窗较多且均为细长型,强调竖向构图,是现代主义建筑的典型代表。此楼与利华大楼是解放北路上为数不多的高层历史风貌建筑。高层建筑不仅在外形上成为视觉焦点,展示投资建设者的

建筑在街口的斜角处理,凸显硬朗的现代主义风格

雄厚实力,还可吸纳更多机构和企业进驻,从而形成良性经营环境。这种形式已与现代写字楼并无二致。

地下室有保管库，库门有数吨之重，设有保管箱一千余只,安装通风、防潮等设备,可为顾客存放贵重物品。新华信托储蓄银行占大楼南部一二两层,同时设有大量公事房供出租,硬件设施完善。全楼共有五部电梯,客梯两部,货梯三部。此外,银行工会、票据交换所、银行俱乐部、银钱业公库等天津金融决策、协调机构均在此办公。在很长一段时间内,天津的中资银行每日下午都要到此处汇总结账,是中资银行的大本营。

建筑高耸挺拔,整体感强,上升意识明显

法国俱乐部

在解放北路与滨江道交口的东南侧，有一座地上单层建筑，这就是法国俱乐部旧址。法国俱乐部又名“法国总会”“法国球房”，是法国商人的议事之所，也是法国侨民的娱乐中心。现为中国金融博物馆，天津市文物保护单位、重点保护等级历史风貌建筑。

该建筑由法国工部局于1932年兴建，砖混结构，带有地

俱乐部外观开放舒展

下室，占地面积约7000平方米，建筑面积约2900平方米。建筑入口在路口处并做斜角处理，门两侧有多边形扶壁灯柱和逐段内收的竖向线条，金碧辉煌。金色金属大门厚重、宽大，门上有镂空花饰，沉稳不失灵活。内部的八角形中央大厅通向各个房间，顶部有彩色玻璃窗。后院有露天广场和花园。建筑风格简约，尺度得当，铁艺精美，体现了19世纪末新工艺艺术运动特色和现代建筑萌芽。

抗战胜利后，法国俱乐部旧址成为盟国俱乐部。1946年7月14日，在此处成立了“胜利联欢社”。该社旨在促进“国际团结”“友情合作”。至同年10月初，胜利联欢社已发展会员将近二百人。该社设有网球场、台球房、纸牌室、图书馆、舞厅、酒吧等。此后，胜利联欢社还组织了每周舞会、桥牌比赛、乒乓比赛、音乐会、法国电影招待会及济贫募款等活动。胜利联欢社

虽多次易主，但金色大门和内收的竖向线条始终是建筑的一大亮点

八角形中央大厅通向各个房间

延续了原法国俱乐部的功能，成为在津法国人进行社交活动的首选场所。1946 年 10 月，为欢迎法国驻华大使梅理霭夫妇来津，法国驻津领事奚格瑞夫妇在胜利联欢社举行宴会，天津市副市长杜建时、外交部驻平津特派员公署特派员季泽晋，以及美、苏、比、希腊等国驻津领事等均应邀参加。同时，胜利联欢社也成为天津各界聚会的重要场所。1946 年 12 月，燕京大学天津同学会约二百人在胜利联欢社举行联欢会，欢迎美国驻华大使、燕京大学原校长司徒雷登来津访问。

天津解放后，华北油脂公司曾在法国俱乐部旧址办公。1953 年，天津青年宫在该地落成。青年宫由团市委领导，成为全市广大青年开展文娱活动的主要场所。同时充分利用原建筑特点，改建后的青年宫内部设可容纳五百人的小剧场，还包括舞厅、游艺室、阅览室、休息室、业余艺术活动练习室等。

1980年青年宫剧场扩建后,可接待文艺团体进行整场演出,并能放映宽银幕影片。1992年,青年宫剧场及大厅被天津市证券交易中心征用,改造后的青年宫由后操场出入,原背靠露天舞台的舞厅休息厅经扩建成为多功能娱乐厅,厅内设电子游艺、大屏幕投影录像。2003年,新青年宫大厦在哈尔滨道与合江路交口建成使用。

2010年,中国金融博物馆在法国俱乐部旧址开馆。中国金融博物馆是中国第一家集展示、教育、金融文化消费和金融史研究活动为一体的专业金融博物馆，主要藏品为中国各个时期的货币、金融票据以及其他金融实物。这座解放北路上的老建筑,成为了解天津百年金融街的一个平台。

光明大楼

在解放北路与滨江道交口的西南侧，有一座高层洋楼，这就是光明大楼。光明大楼建于20世纪初，是解放路上为数不多的集合式公寓大楼。许多历史文化爱好者说，它与原新华信托储蓄银行大楼的建筑外形和位置关系，好似上海外滩历史建筑群的原汇中饭店大楼与沙逊大厦一样。现为重点保护等级历史风貌建筑，沿解放北路首层为店铺，上层仍为住宅。

该楼为框架结构，建筑面积约2400平方米，主体六层，局部七层。建筑整体上既有现代建筑简洁挺拔的体量，而在外檐

光明大楼弧形外窗、抹角阳台以及墙面雕饰和铁艺围栏，细腻典雅

局部如铁艺护栏、墙面装饰等细节上，又有西洋古典建筑元素,具有折中主义建筑特征,同时也是解放路建筑中最接近巴黎奥斯曼建筑风格的大楼。

建筑主入口朝向解放北路,西南方向开小门可进入后院。内部以电梯和楼梯为中心,居住空间为每层二户,建成时单元内供暖及卫生设施完备。电梯井保持老式电梯风貌,钢结构外包裹铁丝网。受面积所限,电梯门较窄,经改造为单门侧开式,外壳涂刷绿漆。建筑西北侧面山墙留白,并未直接开窗,而是中部内凹,呈半天井式结构,此种样式在天津并不多见。究其原因,或许与设计师的设计预判有关。与解放北路其他历史风貌建筑不同,光明大楼并未紧临解放北路与滨江道路口,在其西北侧,有小型花坛景观,原为平房商铺,与大楼相接。推测设计师预想这一位置日后会建相似风格建筑与光明大楼相接,如同巴黎沃日拉尔街建筑，故而未对山墙有过多修饰。

左侧的美丰洋行与光明大楼相接且风格相近

当代一些书籍中介绍光明大楼又称小雅克多利亚大楼,但通过笔者搜寻，后者称谓至今未发现在旧时文献资料中出现，也不清楚有何含义。“雅克多利亚”应由

美丰洋行现建筑顶部与历史照片所示有些变化

Jacques Doria 音译而成，作为法国常见的人名用词，或许与它的投资方或设计建造者有关。

与光明大楼东南侧相连的是原美丰洋行大楼。美丰洋行专营进出口汽车，汽车零配件和修理业务，专销美国福特牌、林肯牌、马克瑞牌汽车，与公懋洋行、亨茂洋行、捷隆洋行等一道长期垄断天津轿车市场。

该楼建于 1926 年，建筑面积约 4200 平方米，为混合结构三层楼房，有办公和居住功能，沿解放北路立面一层为骑楼，二、三层顶部做牛腿支撑，上部出挑的阳台和檐口，辅以精美雕花装饰，三层阳台设有宝瓶、铁艺两种形制栏杆，有折中主义建筑特征，现为重点保护等级历史风貌建筑。

骑楼是近代城市流行的一种商住楼房建筑。它的沿街部分，二层或三层以上出挑至街道路面，一层或一、二两层所有门面后缩，留出人行道，临街处用立柱支撑，形成内部贯通的半封闭走廊。因在形态上建筑骑跨人行道，故取名“骑楼”。骑楼可以挡避风雨侵袭和烈日照射，在南方较为常见。天津作为中国北方骑楼建筑最具代表性的城市，美丰洋行便是其中最典型的例子。

法国工部局

法国工部局大楼坐落于法租界中街中段，今解放北路与哈尔滨道交口西南侧。

天津法租界工部局是专门负责维护法租界统治安全的警察机构，隶属于法租界董事会，直接受董事长及法国领事领导。工部局下设保安处、警察队(巡捕房)、稽查室、手枪队、消防队、卫生队、拘留所等部门。拘留所为半地下室状，铁边木

建筑体量较大，反映法国工部局下辖部门和机构众多

门,厚水泥墙,无窗,坚固而阴暗。20 世纪二三十年代傅茂功(彭真)、刘澜涛、吉鸿昌等革命者在法租界内开展工作,被法国巡捕逮捕后曾关押于此。厚重的牢门内壁上留有被关押者刻下的"世人莫笑铁窗苦,一生未尝不丈夫"等文字,至今清晰可见。抗日战争胜利后,此楼被中国政府接收。

法国工部局大楼建于 1927 年,占地面积约 4500 平方米,为钢混结构的四层法式建筑。楼房建筑显得十分坚,形象稳重而不失美观。

此楼为天津市文物保护单位、特殊保护等级历史风貌建筑。现由天津市和平区文联等多家单位使用。

孟莎式屋顶与圆形老虎窗,有典型的法式风格

盐业银行

盐业银行天津分行大楼坐落于法租界巴斯德路（今赤峰道），临近法租界中街(今解放北路)。

入口立面处理丰富，有壁柱、巨柱，大型山花造型

盐业银行门前威严的石狮

盐业银行于1915年成立，由民族资本家集资兴办，总经理为北洋政府财政部参政张镇芳。总管理处设在北京，同年在天津设立分行，天津“八大家”中的杨、黄、石、卞等家为其股东。因银行与盐务关系密切，故名“盐业银行”，总行设于北京。原拟由官商合办，后改为商办，但大股东多为军阀、官僚。该行与金城、大陆、中南三家私营银行通称为“北四行”。盐业银行资本雄厚，又有官方依托，业务长期居于私营银行之首。抗战期间，天津盐业银行经理陈亦侯曾冒险保护故宫国宝金编钟，至今传为美谈。

盐业银行天津分行大楼建于1926年，由华信工程司工程师沈理源设计。四层砖混平顶结构，带半地下室，占地面积约为2100平方米，建筑面积为6244平方米。大楼为罗马古典复兴式建筑，以半地下室为台基，一、二层用六根罗马混合式巨柱式空柱廊联系起来。大门两旁各有一根壁柱及一根混合式巨柱。营业大厅柜台内天棚用小八角形藻井，镶嵌彩色玻璃。顾客区域天棚构成“蓝天飞凤满天星”图案，中央为蓝天，四周有凤凰的浮雕像。窗户镶有盐滩晒盐及帆船运盐景象的彩色玻璃，尽显富丽堂皇。大楼建成后，因其采撷西方不同建筑精华的折中主义风格和韵味独到的东方特色，赢得国内外建筑界的赞誉。后来这座气势宏伟、装饰丰富的大楼被载入西方著名学者弗莱彻爵士所著《建筑史》,这是天津唯一载入该书的近代建筑实例。

此楼现为中国工商银行天津分行营业部。这座内外都很有建筑艺术价值的大楼曾被国家建设部、国家文物局、中国建筑学会评为中国近代优秀建筑。此楼为全国重点文物保护单位、特殊保护等级历史风貌建筑。

罗马混合式柱头上的圆形涡卷为方形回纹,中西合璧

东方汇理银行

东方汇理银行天津分行大楼坐落于法租界中街，今解放北路与赤峰道交口东南侧。

东方汇理银行创办于1875年,总行设在法国巴黎。它是法国在东方的殖民地银行，成立的目的在于开拓印度支那和远东殖民地的金融业务。19世纪末来到中国,在华业务主要为

屋顶三座亭子是建筑的精华所在

吸收存款、发行纸币、办理放款和贴现、经营国际汇兑和投资。1913年该行曾代表法国政府参与“善后大借款”。

入口内凹的红漆木质大门

东方汇理银行天津分行于1907年开业。1956年停业。该行大楼建于1912年,由比商义品公司按照东方汇理银行法国巴黎总行提供的设计图纸,在公司工程部监督下包工建筑。此楼三层,平顶,砖木结构,占地1244平方米。建筑面积3651平方米,建筑采用了明显的折中主义形式。转角楼顶亭子上安置了一个帕拉第奥式的顶子,是整个大楼的精华所在。1976年地震后这个亭子被拆除,使大楼失去了灵动超逸之感。前些年已予恢复,重现了建筑艺术风采,在解放北路上十分引人注目。

中华人民共和国成立后,此楼曾长期作为天津市艺术博物馆,举办过很多重要的文物展览和书画展览。这座大楼现由西洋美术馆、天津国际拍卖有限责任公司等单位使用。此楼为重点保护等级历史风貌建筑。

法国公议局

很多人都知道，坐落在今承德道与解放北路交口西北侧、建成于1931年的法国公议局大楼在天津解放后先后做过天津图书馆、天津市少年儿童图书馆、天津市艺术博物馆、天津市文化局（文物局）——天津市文化广播影视局——天津市文化与旅游局机关办公楼；但是可能很少有人知道，法国公议局大楼建成之前，这里曾经是第一代“法国菜市”。

清道光二十六年（1846）出版的《津门保甲图说》记述：“对

典雅庄重，宏伟大气

李公楼曰紫竹林，故禅林也。附近居人遂以名村。其稍南曰菜市，烟户颇繁。”烟户，即人户。这是说，在原紫竹林庙一带有一个人户稠密的地方叫“菜市”。那时的“菜市”，就像一个村落，是蔬菜、食品的集散地。

贯穿的线脚将建筑纵向分为两部分，窗型也有所区别

1861年，法国在天津紫竹林划定租界，紫竹林大街（走向大致相当于今天的吉林路）成为法租界早期的商业中心。在繁华的紫竹林大街南头，即法国公议局大楼原址，有一处市场，因为此地本来就有“菜市”之名，所以俗称“法国菜市”。它主要供给法租界及附近英租界内士兵蔬菜、肉食、禽卵、野味，也起到了贸易、交流的作用。1900年八国联军入侵天津，义和团几度攻打紫竹林租界，这里也遭到炮击，但不久就恢复了营业。

在民国初年出版的天津地图上，曾有将法国公议局大楼及其前面的克雷孟梭广场（十三号路）原址标注为“青物市场”的。“青物市场”在日文中就是“菜市”的意思。这个第一代“法国菜市”，设有三排罩棚，分别是肉棚、菜棚、鸡鸭棚。

因地势不敷应用，大约在1925年，法租界当局另在窦总领事路(二十四号路,今长春道)新建了一个规模更大的菜市场,即第二代“法国菜市”,也就是后来的长春道副食商场、天津市副食中心商场。

1929 年至 1931 年,在第一代“法国菜市”的旧址,先由法国建筑师慕乐做方案设计,后由比商义品公司工程师门德尔森正式设计,建造了具有典型欧洲古典复兴式风格的法国公议局大楼。

法国公议局是法租界负责行政事务的综合管理机构,直接受租界董事会领导,下设工程处、捐务处、会计处等部门。法国公议局大楼中间为三层,两翼为两层,庄重对称。基座采用花岗石镶面,主入口为三联半圆状花式铁拱门。二层中央为六根爱奥尼克柱式空廊,立面有多种西洋雕刻装饰。正门大厅为彩色大理石地面。黑白相间的大理石台阶十分宽大,几乎成为大厅的主体。井字梁带花式顶棚,配以彩色轧花玻璃采光窗,内装华丽的八角形吊灯和半圆形铜壁灯。整座大楼显得格外雄伟壮观,但又不失优雅和谐,欧洲古典复兴式建筑风格十分鲜明,其气派不亚于欧洲或非洲一些国家的王宫或总统府。

1945 年 8 月 15 日日本宣布投降后,中、美、苏、英四国迅速就受降地区做了划分,中国战场由中国战区最高统帅蒋介石负责受降。为了迅速办理接受日本投降事宜,蒋介石将中国战区划分为 15 个受降区,第十一战区长官孙连仲为平津地区的受降司令官,负责接收北平、天津、保定、石家庄地区。该区日军投降代表为侵华日军华北派遣军司令官,办理日军投降的地点为北平。远在重庆的孙连仲首先指派第十一战区副参谋长吕文贞为前进指挥所主任、军务处长刘本厚为参谋主任。1945 年 9 月 7 日,前进指挥所主任吕文贞等人才进入北平,开始受降事宜。天津地区此时则为中国共产党的军队所控制，八路军此时已经占领了杨柳青、静海、武清等地，甚至晋察冀之冀中军区已经任命杨成武为天津市卫戍司令，晋察冀边区则任命张苏为天津市市长。而负责天津地区受降的国民党第九十四军此时还远在广西。面对这样的局面，蒋介石下令，日军和伪军不得向共产党军队缴械，同时与盟军顾问魏德迈将军协商，达成一致意见，决定由驻冲绳的美国海军陆战队第三军团从塘沽登陆，代表中国政府接受天津日军的投降。于是，美国海军陆战队第三军团遂于 1945 年 9 月 30 日在塘沽登陆，并在天津原法国公议局大楼内办公。

一个星期后，即 1945 年 10 月 6 日上午，在原法国公议局大楼门前的克雷孟梭广场举行了由第三军团司令骆基中将主持的天津接受日军投降仪式，天津市正副市长张廷谔、杜建时等中方人员也应邀参加了受降仪式。日本驻屯军司令官内田银之助中将等日军军官解下佩刀，代表日方在投降备忘录上签字。自此，日本在天津的殖民统治宣告结束。

1949 年 1 月 15 日天津解放，成立了中国人民解放军天津市军事管制委员会，办公地点最初设在原法国公议局大楼。

市军管会成立当日，发布了军字第一号布告："中国人民解放军平津前线司令部政治部电令：'天津市及其近郊国民党匪军业已肃清，塘沽、大沽国民党匪军，亦将就歼。为着保障全体人民的生命财产，维护社会安宁，确立革命秩序，着令在天津市并东至塘沽、大沽，南至静海，西至杨柳青，北至杨村所辖区内，实行军事管制。成立在中国人民解放军平津前线司令部指挥之下的天津区军事管制委员会，为该区军事管制时期的权力机关，统一全区军事、政治、经济、文化等管制事宜……任命黄克诚为主任,谭政、黄敬为副主任。'本会遵令即于1月15日宣告成立。本主任暨各委员亦于该日到职视事,奉行中国共产党所制定的城市政策，遵照中国人民解放军平津前线司令部的约法八章,实施军事管制。"

市军管会仅由七千余人组成，要迅速顺利接管拥有二百万人口的中国北方第一大工商业城市天津，任务十分艰巨而繁重。市军管会下设办公厅、行政部、接管部、文教部、市政接管处及塘大军管分会、天津市纠察总队等部门,遵照"各按系统,自上而下,原封不动,先接后管"的方针,紧张而有序地接管了国民党天津市政府、警察局,以及报社、电台、水厂、电厂、银行等重要部门,以最快速度恢复生产,安定人民生活。

在1949年1月17日《天津日报》创刊号第一版上,刊发了市军管会的几项规定:《统一货币流通办法以人民钞为计价单位，冀钞东北钞暂准行使》《伪金圆券处理办法限期限额照牌价兑换本币，对工人学生特定优待比价》《金融管理办法严禁外币金银计价流通,军管期内暂停证券交易》。这些措施,有利于澄清金融市场,稳定物价,保障商民正当利益,繁荣经济。

1949年1月22日,根据工作需要,市军管会迁至迪化道(今鞍山道)办公。此时距市军管会成立,刚好一周。

在近代天津各国租界统治机构建筑中，法国公议局大楼是现存规模宏大、艺术水准高超、保存最完好的西式建筑。在其八十多年的历史中,有四十多年是作为公共图书馆使用的。

抗战胜利后，天津热心文化事业的各界人士倡议建立一座大型图书馆。1948年4月,国民党市政府将承德道原法国公议局大楼拨交天津图书馆作为馆舍,并局部开馆。

1949年1月15日天津解放,天津图书馆由市军管会文教部接管。仅仅过了一个月，就于2月15日正式开馆。该馆添购了大批图书，开放普通、工程、儿童、杂志、报章五个阅览室。每日开放时间为上午9时至12时，下午1时半至5时，星期日照常开放，星期一闭馆。

由于具有优越的地理位置、安全的政治环境和良好的文化氛围，天津图书馆不仅为广大市民提供日常借阅书刊服务，而且很快成为全市文化、教育活动的中心。

内部富丽堂皇，曾是影片《建国大业》中美国白宫的取景地

开馆后举办的第一项文化活动，就是自2月27日起，华北军区政治部画报社与华北大学美术工作队联合举办“年画木刻照片展览会”。包括著名木刻家古元、彦涵、胡一川、马达、力群、罗工柳作品在内的三百余幅木刻和照片，均是表现解放区人民生活和人民革命战争场景的。4月12日，市军管会文教部文艺处与华北总工会驻津办事处宣传部在天津图书馆召开座谈会，研究更进一步开展工人文艺活动。文艺处处长荒煤、副处长周巍峙，总工会宣传部部长王林等讲话。仅开馆后半年间，还举办过“创作与演奏”音乐座谈会、《天津工人报》筹备创刊座谈会、“抗战以来的共产党和国民党”演讲会、“略谈研究历史的方法”演讲会等。

仅看开馆后半年间的教育活动，也是丰富多彩。6月5日，

背对主街的立面为清水砖，窗型仍富于变化

教师代表在馆里举行座谈会，庆祝天津解放后第一个教师节(当时尚延续民国时期的“六六”教师节)。6月14日，市中小学教职员联合会为求会务积极开展，迁入天津图书馆三楼新会址办公。6月26日，天津市专科以上院校教职员第一届代表大会在馆里开幕，南大、北洋、冀工、女师、津沽、冀医、水专、体专、育德、达仁等十单位教联员代表参加，市军管会文教部部长黄松龄讲话。此外，天津图书馆还开办了俄文班、夜校等。20世纪80年代末，天津图书馆在楼前举办了第一次全市性换书大会。

1991年，原法国公议局大楼被国家建设部、国家文物局公布为中国优秀近代建筑。2005年，此楼被列为全国重点文物保护单位。它还是特殊保护等级历史风貌建筑。

朝鲜银行

中共天津地委早期领导人于方舟烈士曾作《租界竹枝词》十首,里面有一首写道:“儿女亲家金兰谱,银鱼紫蟹洋朋友。花旗汇丰老头票,天棚字画大狼狗。”其中“花旗汇丰老头票”一句,反映出列强采取各种手段对天津进行的经济控制和掠夺。“花旗”“汇丰”,是美国和英国的两家主要银行;而“老头票”则指的是日本朝鲜银行发行的纸币,因其票面印有一老人像,故名。

朝鲜银行,是日本帝国主义 1911 年在京城(即汉城,今首尔)建立的银行,实质上成为日本对朝鲜半岛进行殖民统治的中央银行,也是借用殖民地名称的日本官方银行。1913 年后,该行陆续在中国上海、沈阳、大连、抚顺、长春、天津、北京、青岛、济南等地开设了二十多处分行。该行在中国东北等地发行的纸币量,大大超过了日本政府的对外贸易银行横滨正金银行。

朝鲜银行天津分行(支店)于 1918 年 9 月 20 日开业,设在法租界中街(今解放北路)与领事馆路(今承德道)交口东南侧。所在的大楼始建于 1906 年,原为德商银行与法商乌利文

大门两侧为 14 根陶立克式砖柱

外立面采用磨砖对缝的传统工艺

洋行联合使用,后来德商银行部分转为朝鲜银行使用。该楼建筑面积约 3500 平方米,为混合结构,三层高,仿希腊古典复兴建筑风格,但外檐墙面、立柱均为清水红砖,充分运用地方材料,色彩显得明快而温馨。该建筑目前是天津市文物保护单位、特殊保护等级历史风貌建筑。

1938 年,朝鲜银行天津分行自法租界中街迁至日租界旭街(今和平路)中原公司(今百货大楼)斜对面的新址营业。其高级职员则多住在日租界浪速街(今四平东道)与春日街(今河南路)交口西北侧的朝鲜银行天津支店宿舍里。抗日战争胜利后,国民党政府接收原日租界旭街朝鲜银行天津分行建筑,并安排农民银行天津分行于 1945 年 12 月 17 日在此营业。天津解放后,这座建筑长期由和平路新华书店使用,曾经是全市最大的书店,由此亦足见昔日朝鲜银行的规模。20 世纪 90 年代初,和平路新华书店经理张维平先生曾带笔者参观过该建筑的地下金库,当时金库大门仍然十分牢固。近年,该建筑的一部分已经恢复为书店,但是估计人们很难想象到这里原来是一家大银行。

大清邮政津局

天津开埠后，迅速成为北方经济中心和工商业重镇，加之毗邻京畿，全国性的政治、经济、军事和外交活动云集，加大了对信息快速传递的迫切性。此外，天津作为海陆联运的集散地和南北方河海运输的重要枢纽，催生了邮政业务的诞生。种种原因使天津成为中国近代邮政的发源地。

1876 年，海关总税务司赫德，请设送信官局，清廷总理衙门议定赫德主持仿照欧洲试办邮政。1878 年，天津海关书信馆率先收寄中外公众信件，中国近代邮政由此发端，至今已有一百四十余年。1880 年，天津海关书信馆改称海关拨驷达局，1884 年迁入法租界中街（今解放北路）新址。1887 年改为天津大清邮政局，即大清邮政津局。后因邮政业务脱离海关、中华民国成立

八角楼匠心独运，好似邮筒

外立面采用传统青砖砌筑，并辅以各种造型的砖雕

等因素，从 1899 年起，此机构改为天津邮政总局、天津副邮政总局、天津邮政分局、直隶邮务管理局。1915 年，迁至老龙头火车站旁新局房办公。

天津在当时作为全国邮务管理中心和邮运组织中心，在邮政史上创造了众多“第一”，包括我国第一个邮政机构海关书信馆、第一个邮政公告《五一公告》、第一条邮路津京骑差邮路、第一个邮政代办机构华洋书信馆、第一套邮票大龙邮票、第一长度的陆上邮路“万里邮路”，等等。2016 年发行的《中国邮政开办一百二十周年》纪念邮票之中，首枚画面即采用大清邮政津局为背景元素，展现了百年邮政的历史画卷。

邮政博物馆的万里邮路示意图(民国)

中国邮政 120 周年纪念明信片

大清邮政津局大楼是我国现存唯一的清代邮政局房，现为天津市文物保护单位和特殊保护等级历史风貌建筑。建筑为二层砖木结构加地下室，是欧洲古典主义风格和中国传统砖雕工艺相结合的仿罗马式建筑。外立面采用传统青砖砌筑并辅以各种造型砖雕，扁券门窗的连续设计，凸显规整协调。因其坐落于解放北路与营口道街角，建筑平面呈 L 型，南端拐角处的八角楼可谓匠心独运。八角楼造型独特，面朝八面，似有邮政业务四通八达之意，与对面的原中法工商银行大楼的大弧度转角同为建筑拐角设计的典范。

鉴于它的历史地位和建筑特色，来新夏先生曾评价道："在卫城、老街先后消失的情况下，无疑它已是天津独一无二的文化标志。"该楼作为我国近代邮政发端的重要见证，已开辟为天津邮政博物馆，并于 2010 年对外开放。天津邮政博物馆是全国首家邮政博物馆，内设"邮驿与其他通信组织厅""集邮厅"等展厅，展览从时间跨度上分为古邮驿、近代邮政、大清邮政、中华邮政、人民邮政五个历史阶段。珍贵藏品包括秦皇古驿道车辙石，一分银、三分银和五分银的整版大龙邮票，总理衙门实寄封，万里邮路上曾使用过的运邮马车，此外还有“全国山河一片红”、整版庚申猴票以及数百枚百年明信片等。展览覆盖天津邮政的百年变迁，展现了独特的邮政文化魅力。

紫竹林教堂

解放北路穿过的紫竹林地区，在天津近代史上曾屡屡出现,在中国近代史上也比较有名。

紫竹林,以其主要基址“紫竹林村”而得名。而此村名又起源于“紫竹林寺”。紫竹林寺具体坐落何处,历来说法不一。著名天津文史专家张仲先生曾推断，紫竹林寺坐落在今哈尔滨道以北、吉林路以东的地方。但据英国人雷穆森写于1925年的《天津插图本史纲》一书记述:“紫竹林这个村庄位置在海大道(今大沽路)上,也是法租界的西界。在威尔顿路(今承德道)上的法国市场的旧址上有一座紫竹林寺，其庭院内有几株竹子。”另据著名天津文史专家杨大辛先生转述,历史教师常家麒在20世纪70年代访问知情老人所作的记录称:“现在承德道人民图书馆门前的空场是旧法租界市场遗址，原有几家商店,商店前有一条小街,小街西边摆有许多货摊。”“紫竹林寺里供着观世音像,正殿三间,两厢有配殿,进门有前殿。院内有竹子。有巡夜的兵驻在庙里。”这两种说法比较接近。后来发现一幅清光绪十四年(1888)绘制的租界图,其中对紫竹林的坐落地点有明确标示,位于原法国公议局大楼西南侧、今吉林路上，与雷穆森的记述基本上相吻合。紫竹林大街在近代比较繁华，其走向大致相当于今天的吉林路。

1860年，清政府在第二次鸦片战争中败于英法联军，被迫签订《北京条约》，天津开放为通商口岸，英、法两国在天津城南紫竹林一带强占租界。当时把紫竹林村与紫竹林庙都划入法国租界内，往南隔着今营口道与英国租界毗连。从此，紫竹林便成为天津租界的代名词。如说“到紫竹林去”，就是“到租界去”；“义和团攻打紫竹林”，就是“义和团攻打租界地”。在法国租界里，靠近紫竹林一带的兵营、教堂、学校、车站、码头、餐厅、菜市等，都以“紫竹林”命名。现在赤峰道东端仍存紫竹林兵营老楼数座。

近代上海发行的《点石斋画报》，曾刊发过一幅《嗔莺叱燕》图，说明文大意为：“天津紫竹林一带为莺莺燕燕藏娇之所、公子王孙寻欢之处。1890年，应驻津各国领事的请求，天津海关道予以治理，倚门卖笑现象有所收敛。”

紫竹林名声大振，是在1900年。八国联军在大沽口登陆后，陆续开往天津紫竹林租界，使此地成为他们控制天津、进攻北京的桥头堡。至6月底，到达紫竹林租界的联军已有两万多人。为抗暴保国，义和团首领张德成、曹福田、林黑儿等率领团民分三路包围紫竹林，夺回租界，打死不少洋兵。租界内的洋兵“皆高挂白旗，以示不战”，企图缓兵待援。义和团不让敌人喘息，坚持“非一律扫平不可”。直攻到英、法租界交界处，烧毁许多洋楼。鏖战一月之久，紫竹林遂扬名中外。

紫竹林一带现仍存有近代西方宗教性质的建筑多处，如承德道首善堂、营口道崇德堂等。其中以位于营口道与解放北路交口东北侧、天津邮政博物馆后身的圣鲁易堂最为著名。

1870年发生“天津教案”，望海楼教堂被焚毁,法国天主教会迁入法租界,利用清政府的赔款在紫竹林另建了一座教堂,即圣鲁易堂,一般被称为“紫竹林教堂”。

修葺完美的老教堂

圣鲁易堂1872年建于法租界圣鲁易路(今营口道),是这条路上现存最早的建筑。至于究竟是教堂因道路得名,还是道路因教堂得名,实难考证。

圣鲁易堂占地6.8亩,建筑面积779平方米。它是一座具有浓郁文艺复兴晚期风格的希腊式教堂,外观庄重而和谐。教堂砖木结构,钟楼呈半圆形,上面有精美的葡萄、玫瑰花造型雕刻。大门左右的罗马柱柱头有百合花雕饰,充满艺术气息。教堂内部十分考究,满铺红、蓝、白三色瓷砖,瓷砖上有十字架装饰。祭台两侧供奉着两尊圣像,一为法王路易九世,一为圣女贞德。墙壁上镶嵌一块白色大理石,用法文镌刻着为教堂建筑捐资者的名字。堂两侧的半圆形拱窗由菱形彩色玻璃拼成,营造出一种神秘而奇异的氛围。这里的唱经楼更加典雅,沿螺旋式楼梯向上,便能看到一架赫然而立的古典管风琴,据说这是当时天津教堂内仅有的两架之一。管风琴的紫铜音管靠墙而排,直向穹顶,演奏时音响宏大丰满,音色圆润和谐,音域宽广辽阔,令人沉醉。

紫竹林教堂早年曾创办法国学堂,后来迁往老西开教堂附近，改为法汉学校，即今二十一中。

圣鲁易堂因年久失修，外观破旧不堪，院内曾作为一家塑料厂的仓库，大门长年紧闭。近年有关部门予以精心修葺，恢复昔日精美，并在此举办西式婚礼等活动。该建筑现为天津市文物保护单位、特殊保护等级历史风貌建筑。

教堂内外仿佛两个世界

中法工商银行

中法工商银行天津分行大楼坐落于法租界中街，今解放北路与营口道交口西北侧。

中法工商银行的前身为中法实业银行，成立于1913年，名义上为中法合办，总行设在法国巴黎，中国上海、北京、天津、汕头、福州、沈阳、济南、昆明、香港等地设有分行。1921年，中法实业银行因巴黎总行营业亏损而停业，在华分行也同时停业。1925年，中法工商银行在清理前者债务的基础上重新出现，资本由原来的45500万法郎减为1500万法郎，分支机构由原来的11处减为4处，虽仍有“合办”之名，但中国的资

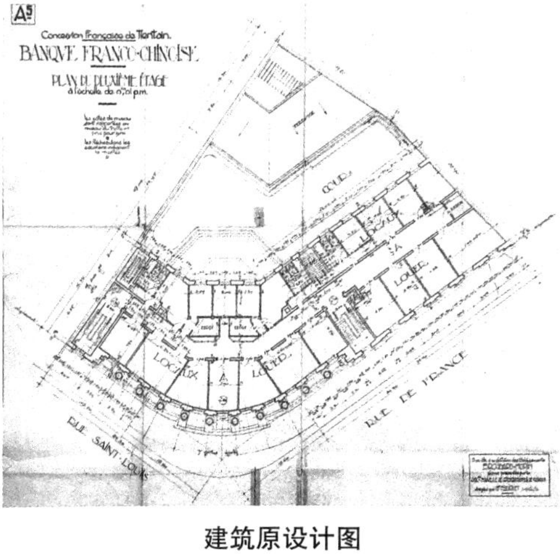

建筑原设计图

精妙的圆弧设计，一定程度上软化了马路的错位

转角处设计立体、丰富，续建的三层及顶层双柱空柱廊亦十分协调

本已不见踪迹。

中法实业银行天津分行于 1913 年开业，1925 年改为中法工商银行天津分行，1948 年停业。

中法工商银行天津分行大楼始建于 1919 年至 1920 年，1932 年至 1933 年又增建，由永和工程司法籍建筑师马利奎特设计。主楼为四层混合结构带半地下室,局部五层,总建筑面积6240平方米,建筑规模领先于当时英、法租界中街各主要银行建筑。大楼沿街立面的处理运用西洋古典建筑造型手法,整个外饰面为仿古水刷石。入口在马路转角处,有十根科林斯巨柱式弧形空柱廊,空柱廊两侧为实墙,开有门窗,衬托中间巨柱式空廊和入口。沿解放北路立面设有扁方形壁柱,使立面主次分明。三层及顶层双柱空柱廊是后建的。顶层双柱空柱廊有瓶式栏杆。除双柱下用实的柱墩外,柱跨间有花饰,主要入口柱廊上的中央三跨的顶层双柱空柱廊适当地挑出,并用八对檐托支撑,使入口更为突出。檐部、柱头、柱础是古罗马科林斯柱式的典型,做工精致。在巨柱式柱廊上部又增加两层,并冠以双柱空廊,这在天津的建筑中还是少有的。大楼处在英、法租界交接处,建筑师有意把大楼外形设计为一条弧形曲线,将两个租界原本不在一条直线上的中街自然流畅地衔接起来,并且使该行大楼与相邻的英租界横滨正金银行大楼、汇丰银行大楼等共同构成天津银行街的建筑主旋律,可谓别具匠心。

天津解放后,中法工商银行天津分行大楼曾经长期为天津市总工会使用。此楼为天津市文物保护单位、特殊保护等级历史风貌建筑。

三 解放北路南段

横滨正金银行

日本横滨正金银行天津分行大楼坐落于英租界中街北端,与法租界相对,今解放北路与营口道交口西南侧。

日本横滨正金银行创立于1880年，总行设于日本横滨。天津分行开设于1899年,其主要业务为存放款、进出口押汇、汇款、代理日本银行寄存保管等。该行任用华人魏信臣为买办。1937年日军全面侵华,该行为适应战争需要,在日本帝国主义的庇护下,业务迅速扩展,在天津开设多家分支机构,并

巨大的廊柱显示着银行的实力

金色花铜板装饰的大门和窗间墙,稳重华丽

改变了其国际汇兑银行的性质,功能类似国家银行。同时受日本政府指令,扶持成立伪中国联合准备银行,独占日汇市场,推行军用票、金银券、储备券的流通,并以大量资金资助日本在华的大企业开发资源,收购物资,以达到以战养战的目的。抗日战争结束后,横滨正金银行于 1946 年被盟军统帅部下令解散,随后被国民党政府中国银行接收。

日本横滨正金银行天津分行早期营业大楼,为二层砖木结构,坡屋顶,马路转角处设有八角楼,上盖圆穹顶,楼外设有低矮的围墙。1900 年八国联军入侵,清政府炮轰租界,中街上许多建筑遭到炮击,横滨正金银行大楼也遭到破坏,后来经过修复继续营业。

横滨正金银行天津分行新营业大楼建于1926年。由同和工程司英籍建筑师阿特金森和达拉斯设计，实际设计者有该工程司的澳大利亚建筑师伯内特,华胜建筑公司施工。全楼占地2830平方米,建筑面积3150平方米,三层混合结构,局部四层,带局部地下室,楼外不设围墙。正面是八根科林斯巨柱式柱廊，端跨用壁柱收尾。上下两层窗间墙用金色花铜板装饰，金光闪闪的黄铜大门彰显着银行巨大的财力和可靠的信誉。侧立面为三层,以十根科林斯壁柱与正立面相呼应。首层营业大厅中央顶部为双层玻璃顶棚。下层为九格井字梁,嵌彩色玻璃,既显美观又可采光。这座希腊古典复兴式建筑极为庄重典雅,俨然一座华美的欧洲宫殿。

这座大楼现为中国银行天津分行使用。此楼为天津市文物保护单位、特殊保护等级历史风貌建筑。

中央银行

原中央银行天津分行大楼位于解放北路美国海军俱乐部旧址与原华俄道胜银行大楼之间,建于 1926 年。现为中国人民银行天津分行,天津市文物保护单位和特殊保护等级历史风貌建筑。

中央银行简称央行,是负责国家或地区组织货币政策的主体机构,通常也是经济体的唯一货币发行机构,主要职责是维持货币稳定性与供给。中国最早的中央银行是 1905 年成立的大清户部银行。1928 年,中央银行正式成立,总部设于上海

左侧建筑曾为美军俱乐部,右侧建筑即中央银行

顶部元宝形旗杆座，凸显入口

外滩原华俄道胜银行大楼。国民政府《中央银行条例》中规定："中央银行为特许国家银行，在国内为最高之金融机关，由国家集资经营之。"同年，天津兑换所设于东北城角六吉里。1931年中央银行天津分行开业，李达任经理，谈公远任副理。该行成立目的为辅助政府整理币值、办理国家收支事件，统一国库，平准市面，便利工商，稳定金融。1934年，该行在津发行加印天津地名的货币。1937年七七事变后天津分行撤退，1945年抗战胜利后在原址复业。1949年天津解放后立即被天津市军事管制委员会接收，成为中国人民银行天津分行办公楼。

中国人民银行可追溯至1931年成立的中华苏维埃共和国国家银行，1948年以华北银行为基础，合并北海银行、西北农民银行，在河北石家庄组建了中国人民银行，并发行人民币，成为中华人民共和国成立后的中央银行。行徽由中央工艺美术学院教授陈汉民设计，以三个布币样图案组合成汉字“人”，题字由马文蔚按《张黑女碑》字体书写。中国人民银行天津分行是中国人民银行的分支机构，成立于1949年。1998年，根据国务院批准的人民银行省级机构改革实施方案，中国人民银行天津分行作为中国人民银行跨省（自治区、直辖市）设立的大区分行在天津市挂牌成立，并于1999年1月1日开始履行职能，负责领导和管理天津市、河北省、山西省及内蒙古自治区人民银行分支机构的有关工作。

该建筑为中国著名建筑师沈理源设计，原为中日合资的

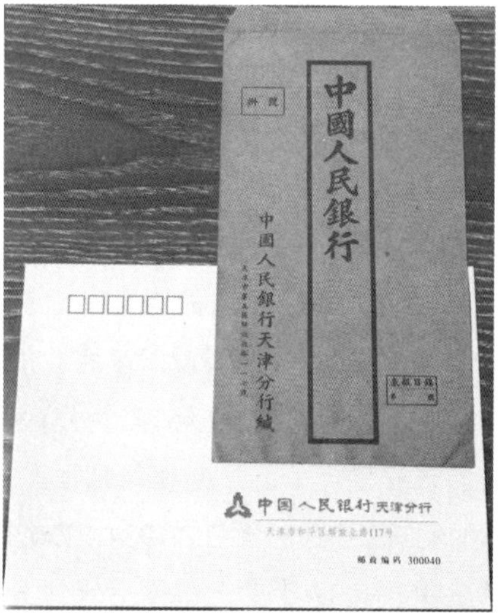

不同时期的中国人民银行天津分行信封

中华汇业银行,中央银行天津分行于1936年购得。此楼为三层混合结构,设半地下室,占地约2400平方米,建筑面积约3100平方米。沿解放北路立面为对称布局,面阔七间,中间五开间向外凸出,设四根爱奥尼克柱,两侧方形扶壁柱收边。基座与一层由回纹装饰线条分隔, 二层与三层中间由横贯立面的挑檐分隔。主入口做三角形山花装饰,两侧有方形扶壁柱。主立面北侧有券洞式铁艺旁门,上方做雕花券心石。二层大厅用与外立面造型相似的爱奥尼克柱支撑, 顶部为众多小型八角藻井拼接而成。会议室采用高级硬木护墙板和天花板,典雅稳重。建筑整体庄重大方, 装饰考究, 为古典复兴主义风格特征。

汇丰银行

汇丰银行天津分行大楼坐落于英租界中街，今解放北路与大同道交口西北侧，北面与日本横滨正金银行为邻，东面与华俄道胜银行隔街相对。

汇丰银行总行于1864年在香港创办，1865年开始营业，同年在上海设立第一家分行，因此又称“香港上海汇丰银行”。到20世纪初，汇丰银行已经成为远东地区第一大银行。在华

半个世纪间天津银行界的“老大”

建筑风格为希腊古典复兴式，恢弘大气

主要业务为：垄断国际汇兑，控制中国的对外贸易和金融市场；通过借款，控制中国的财政和经济命脉；吸收存款，发行纸币，广泛利用中国人的资金。中华人民共和国成立后，外国在华银行特权被取消，只有汇丰银行上海分行遵照中国政府法令继续营业。

汇丰银行天津分行筹建于 1880 年，正式营业于 1882 年，是天津出现的第一家银行，也是近代天津财力最雄厚的外资银行。该行首任华人买办为吴调卿。汇丰银行天津分行大量借款给中国政府，取得了盐业与海关两大税源的总管权。该行掌管着天津的国际汇兑业务，天津每天的外汇牌价都以汇丰银行挂牌为准。太平洋战争爆发后，该行曾一度被日本接管。1954 年，汇丰银行天津分行停业撤离。改革开放后，汇丰银行重回天津，1986 年在天津成立了办事处，后建支行，一度设在利顺德大饭店。2005 年，汇丰银行在天津滨海新区设立了泰达支行。

汇丰银行天津分行早期行址，在海河边天津海关的对面，为带院子的三层楼房，门窗均用圆拱券。1900年八国联军入侵，清军炮轰租界，汇丰银行天津分行大楼也遭到破坏，后来又重新修建。

1923年汇丰银行在英租界购得高林洋行一块地，重建大楼。新楼于1924年由同和工程司英籍建筑师阿特金森和达拉斯设计，具体设计由该工程司的澳大利亚建筑师伯内特参加，1925年建成。此楼为三层混合结构，带局部地下室，建筑面积5539平方米，属希腊古典复兴式建筑。东立面入口为四根爱奥尼克巨柱式门廊。入口为由塔斯干柱子支撑的半圆形。中间为两扇紫铜大门。南立面中央突出的四根爱奥尼克巨柱式柱廊，形成与东立面柱廊相同。中央柱廊两侧均有略向后退的两根爱奥尼克巨柱式空柱廊，使中央柱廊更为突出。首层营业厅面积为670平方米，营业大厅极为富丽堂皇，中央用两层玻璃顶棚。在井字梁内镶嵌彩色钢丝网玻璃，使大厅既美观又明亮。

通高两层的营业大厅，屋顶镶嵌彩色玻璃

地下室建有金库和保险库。此楼虽然在建筑规模上无法与上海外滩汇丰银行大楼相比，但是其姿态舒展，气势壮观，堪称天津同类建筑之首。

这座大楼新中国成立后曾为河北省人民政府办公楼，现为中国人民银行天津分行使用。此楼为天津市文物保护单位、特殊保护等级历史风貌建筑。

华俄道胜银行

华俄道胜银行天津分行大楼坐落于英租界中街，今解放北路与大同道交口东北侧。

华俄道胜银行创立于1895年,总行设在俄国首都圣彼得堡,根据清政府与俄政府协议合伙经营,次年在中国天津等地设立分行。该行曾出面承办中东铁路的建筑和经营,同时千方百计地推行和扩大卢布在东北的行使，还控制东北农产品的收购和出口，垄断东北对关内的汇兑，并进行关内外套汇。1910年清政府退出股款,该行与法国的北方银行合并。改名为俄亚银行。俄国十月革命后,该行在国内的支行被苏维埃政权没收。1920年该行总行迁至巴黎。1926年总、分行一起停业。中国政府因持有股份,曾派出清理

弧形转角和盝顶,有浓郁的俄罗斯风格

天津唯一用穹顶、采光亭的建筑

督办,督促其在华分支的清理。

华俄道胜银行天津分行大楼建于1900年。设计者为德国人理查德·西尔。建筑为二层砖木结构,看上去具有一定的俄罗斯传统建筑特点,实际上它既采用了文艺复兴时期在顶层顶加采光亭的做法,又采用了罗马风格的圆拱,还采用了巴洛克时期曲线型的尖山墙,是各种风格的集合,属于折中主义建筑。银行入口在马路转角处,自入口进入内六角形的门厅,经门厅内两侧的弧形楼梯,进入底层的外国人专用营业大厅。大厅为对称的短“L”型。华人用营业厅则由侧门进入。半地下室为金库、账库等。此楼为天津唯一用穹顶、采光亭的银行建筑,很有特色。

此楼现属中国人民银行天津分行,曾作为该行的票据清算所和金融研究所使用。多年前中国人民银行天津分行拆掉此楼后面的部分房屋建起高层办公大厦，而特意保留了这座弥足珍贵的19世纪与20世纪之交的租界风貌建筑，其做法是值得充分肯定的。此楼为天津市文物保护单位、特殊保护等级历史风貌建筑。

华俄道胜银行天津分行发行的票证

花旗银行

花旗银行天津分行大楼坐落于英租界中街，今大同道与大连道之间的解放北路西侧。

二战结束后一度领衔天津银行界

美国花旗银行原名国际银行，在中国也称万国宝通银行。该行创立于1812年，总行设在纽约。花旗银行原系美国历史悠久的民营商业银行。1926年美国政府加入股本，改为官商合办，被指定为代理国库银行。该行19世纪末20世纪初因经营庚子赔款而在中国广设分行。20世纪初由瑞记洋行代理天津业

女儿墙中部做巴洛克曲线涡卷装饰，正中盾徽上刻有花旗银行标志

这是坐落于东交民巷的原花旗银行北京分行大楼，外观与花旗银行天津分行大楼几乎完全一致

务。天津分行开设于1916年。该行除办理存放款、汇兑业务外,还发行钞票。首任华人买办为金亮臣。太平洋战争爆发后,该行被日本没收。1945年抗战胜利后,该行在原址恢复营业,并依靠其政治优势取代英国汇丰银行而成为天津外国银行中的霸主。1948年12月停业。2003年美国花旗集团在天津设立花旗银行分行。

花旗银行天津分行营业大楼1921年建成,为庄严、稳重的西洋古典风格。门前由四根爱奥尼克式立柱支撑,构成开放式柱廊。厅内立有七根方柱,内墙面有壁柱,顶部饰有椭圆形的花旗银行徽帜。此座大楼的外观与1914年建于东交民巷的花旗银行北京分行大楼几乎一模一样。

这座大楼目前为中国农业银行天津分行使用。此楼为天津市文物保护单位、特殊保护等级历史风貌建筑。

四行储备会

19 世纪 80 年代，具备现代化管理方式和经营理念的外资银行首先进入天津。二十年后，华资银行纷纷建成，成为中国民族经济的典型代表。1897 年，中国通商银行在上海成立，为官商合办，是具有近代意义的第一家华资银行。作为北方金融实力的代表，“北四行”各有侧重而又强强联合，在短短几年的时间内，业务发展迅猛，异军突起，在国内产生了重要影响力。由“北四行”联合成立的四行储蓄会，为展示雄厚的经济实力，从而吸引更多人投资，于 20 世纪 30 年代在上海建设国际饭店。国际饭店共 24 层，高 83.8 米，建成后成为中国乃至美国本土之外第一高楼。

“北四行”是创建于 20 世纪前后的盐业银行、金城银行、中南银行和大陆银行四家银行的并称。当时与之相对比的还有“南三行”，分别是浙江兴业银行、浙江实业银行、上海商业储蓄银行。

北四行相继成立后，只有中南银行具有发行钞票权。为做大做强银行业务，四行决定共同发行中南银行钞票，并成立了四行联合营业事务所和四行准备库。除发行钞票外，储蓄后来亦成为联营的重要业务。北四行有感于当时通行的储蓄规则的种种弊端,推行新型储蓄方式,决定成立四行储蓄会。

四行储蓄会于 1923 年开业,总会设在上海,在天津设立分会。四行储蓄会为会员制储蓄机构,四行为基本会员,储户为一般会员。该会积极吸纳储金,章程规定本息由四行共同担保,会员都有红利可得。“保本保息,期短利厚,又分红利,营业独立,会计公开”的经营方式,得到社会广泛认可,资金充裕。

四行储蓄会还曾发生过一段爱国人士陈亦侯、胡仲文冒险护藏国宝的故事。国宝编钟原为庆祝乾隆皇帝八十大寿而打造,共十六只,黄金材质,工艺和文物价值极高。民国建立后,清皇室为了维持庞大的生活开销,将编钟等文物抵押给盐业银行。后因无力偿还,此批文物归盐业银行所有,1932 年转移到天津盐业银行。七七事变后,日本特务机关盯上了金编

国宝金编钟曾藏于此

四根通高的爱奥尼克式柱呼应下方凸出的三联拱券

钟，盐业银行总经理吴鼎昌发报给天津盐业银行经理陈亦侯，让他将金编钟毁掉。陈亦侯为保护国宝，联系到四行储蓄会天津分会经理胡仲文，在1940年4月的一个夜晚，将国宝转移到四行储蓄会地下室一个不起眼的仓库，并用八吨烟煤末堆在门口。国宝躲过了多方打听和追查，被安全保护下来。天津解放后，胡仲文函呈军管会，献出了金编钟。金编钟完好无损，回到了故宫的珍宝馆进行陈列。

原四行储蓄会天津分会大楼坐落于大同道与大连道之间的解放北路东侧，建于1923年，现为中国工商银行所用，是天津市文物保护单位和特殊保护等级历史风貌建筑。建筑整体三层，布局对称，混合结构，带地下室。外檐为水刷石与红砖搭配，立面层次丰富、装饰精美。入口大门与两侧的落地窗形成三联拱券，有券心石和凹槽装饰，檐口有多层线脚和齿饰装饰，中间位置女儿墙提高，并做盾牌装饰，强调入口。巧妙连接围墙的入口高台阶和贯通两层的爱奥尼克式柱是整个建筑的亮点所在，具有仿希腊古典复兴建筑特征。

围廊上的球形金属装饰

麦加利银行

麦加利银行天津分行大楼坐落于英租界中街，今解放北路与大连道交口东北侧。

麦加利银行，亦称渣打银行，创办于1853年，总行设在英国伦敦，是英国皇家特许的英国殖民地银行。建立的目的在于适应英属印度、大洋洲和中国等地日益扩大的贸易需要。其在华分行的业务，最初是配合英商在东方贸易的需要而汇兑款项和融通资金，后来为各国商人提供金融周转。天津分行于1895年开业，1954年关闭。

建筑体量大，亦显银行实力

基座由花岗岩砌筑，木质旋转门豪华典雅

麦加利银行天津分行大楼由景明工程司英籍建筑师赫明和伯克利设计，1926 年建成。这座二层钢筋混凝土框架结构大楼，占地面积 2259 平方米，建筑面积 5932 平方米，楼内共有房间 107 间。正立面为五跨四根巨柱式的爱奥尼克空柱廊，两侧边跨端为四分之三圆的壁柱；侧立面也为五跨巨柱式的爱奥尼克柱廊，但用的是四分之三圆的壁柱。大厅呈短“L”型，面积为 651 平方米。整个建筑古典主义风格鲜明，给人以宏伟、庄重之感。

这座大楼目前为邮电部门使用。此楼为天津市文物保护单位、特殊保护等级历史风貌建筑。

怡和洋行

与解放北路相交，有一条大连道，它东起台儿庄路，西至大沽北路。此路形成于英租界初建时期，在早期的天津租界地图上看得十分清晰。一般天津历史著作都写现在的大连道旧时称怡和道，其实是说得太笼统了。这条路因坐落着著名的怡和洋行而被称为“怡和道”(Ewo Road)，当在 20 世纪 20 年代以后。

建筑两侧有大型山花造型，与汇丰银行相似

门楣做涡卷装饰，门套线脚层层叠涩，典雅稳重

解放北路入口处层次丰富

怡和洋行(Jardine Matheson，旧名“渣甸洋行”)实力雄厚，是远东最大的英资财团，在世界上有“洋行之王”之称。该行1832年在广州成立，1842年将总公司从广州迁至香港，1843年成立上海怡和洋行，1867年正式在天津设立分行。天津分行第一任买办是梁炎卿，其财富居于天津四大买办之首。怡和洋行最初是做航运业务，主要以代理船舶为主，后来又增加了其他商务进出口项目。怡和洋行是天津早期四大洋行中最大的一家，不但有自己的打包厂、生产加工车间、仓库、码头，而且还拥有自己的船队和定期往返于天津至上海、广州的两条航线。此外，该行还代理英印轮船公司和亚洲轮船公司。英印轮船公司的轮船，自仰光经马来亚、香港驶达天津。

怡和洋行天津分行最初在英租界河坝道(今台儿庄路)紫竹林码头办公，后迁至英租界中街(即维多利亚路，今解放北路)与今大连道交口东南侧。办公大楼原为二层砖木建筑,带院落。1921 年,新的怡和洋行天津分行大楼(怡和大楼)拔地而起,二层砖木结构,占地面积约 1800 平方米,建筑面积约 2800 平方米。此楼外观简洁而大气,大门两侧各有一根科林斯式巨柱,具有古典主义特征。因其附近的麦加利银行等著名的银行大楼,以及更高的利华大楼,当时都尚未建成,怡和大楼非常显眼,成为当地一景,有人便将怡和大楼前面垂直于中街的道路称为怡和道。怡和,本身即是愉快和谐之意,用作路名,很快就被社会认可了。此路亦称英租界 8 号路,后来怡和道改称大连道,但怡和大楼至今保存完好。

怡和大楼曾为天津北方人才港股份有限公司、天津市专家协会、威海商业银行等单位使用。它是天津市文物保护单位、特殊保护等级历史风貌建筑。

比利时领事馆

比利时驻天津领事馆设于英租界中街，今解放北路与大连道交口西南侧。

1901年，比利时政府以天津为各国通商口岸为由，向清政府提出在天津开辟租界的要求。1902年，比利时驻津领事嘎德斯奉比国钦差全权大臣姚士登之命与清政府委派的代表张连芬等人签订了中比租地协定，划定海河东岸740余亩土地为比国租界。比利时租界的权力机构是董事会，董事由比租界内的高级侨民组成，历届董事长均由总领事担任，所以总领事实际上是比租界的最高行政长官。

主入口位于解放北路中央，两侧凸出，转角呈圆弧状

在比利时租界内，设有工部局等管理机

构。但由于比租界位置比较偏僻,比利时领事为保持与各国租界当局的密切联系，始终没有把比国领事馆设在自己的租界内,而是设立在海河西岸街市繁华、交通便利的英租界内,与华比银行共同使用一座大楼。华比银行在一楼营业,比利时领事馆在楼上办公。1931 年,比利时租界被中国政府正式收回。1956 年华比银行天津分行结业。

比利时驻天津领事馆大楼(华比银行大楼),建成于 1922 年,由比利时义品公司设计并监理,舜记营造厂承包施工。此楼占地 1543 平方米,建筑面积 3663 平方米。三层楼房,带地下室。现代建筑风格,立面线条简练。外檐墙用花岗岩镶嵌,显得十分庄重。室内布局得体,装饰考究,木地板、木楼梯等设施保存完好。

此楼现由中国建设银行天津分行使用。现为天津市文物保护单位、重点保护等级历史风貌建筑。

主立面左右两侧外凸并平滑过渡,入口处内凹

金城银行

金城银行天津分行大楼坐落于英租界中街，今解放北路利华大楼北侧。

金城银行“名曰金城,盖取金城汤池永久坚固之意”。该行由近代中国金融界知名人士周作民于1917年创办。其主要股东多为军阀官僚,是中国最重要的私人银行之一,被称为“北四行”的支柱。该行将总行设于天津,先后在北京、上海、武汉

红色坡屋顶曾被地震损坏,后修复

悬挑的双面钟面向解放路南北两侧

等地开设分行,1934年至1936年期间,金城银行的存款额居私人银行之首。1936年总行迁往上海，天津改为分行。1952年该行与其他银行合并，组成统一的公私合营银行。

金城银行天津分行购得原德华银行行址后,于1937年建成新楼。大楼由华信工程司工程师沈理源设计,为西洋古典复兴风格与民居混合型建筑。占地面积约4500平方米,建筑面积约3200平方米。大楼前面设有铁栏矮墙,二楼设外跨式半圆形阳台,顶楼向外探挂一座时钟。

1976年地震中,此楼顶部损坏,后来消除顶楼,改为平顶。2008年对大楼进行了整修,恢复了历史原貌。

此楼曾由天津市农村工作委员会使用，目前由天津工商银行使用。此楼为天津市文物保护单位、重点保护等级历史风貌建筑。

太古洋行

当怡和洋行在天津站稳脚跟、积累大量资财之时,同为英国老牌洋行的太古洋行也来到天津。两家企业是多年的竞争对手,两栋大楼也同在英租界中街,仅距离百米之余。原太古洋行大楼位于解放北路与保定道交口的东北侧，建于1895年。现为天津市建筑材料供应总公司,天津市文物保护单位和重点保护等级历史风貌建筑。

建筑原在门套窗套等位置少量使用红砖,后被灰色涂料覆盖

太古集团由约翰·施怀雅创立于1816年,1861年起开展对华贸易。1866年,上海太古洋行开业,“太古”二字,喻意规模宏大、历史悠久。初期经营茶叶、丝绸、棉花、羊毛制品贸易,并担任多项英国在华业务代理。天津太古洋行成立于1881年,与怡和、新泰兴和仁记并称天津早期四大洋行。

太古洋行的郑翼之,与怡和洋行的梁炎卿、汇丰银行的吴调卿、华俄道胜银行的王铭槐同为当时天津四大买办。郑翼之早年随长兄郑观应到上海太古洋行做练习生,因业务能力强,深受上级赏识,被派到天津筹备太古洋行。每到航运的黄金季节,船舶拥挤,大型船只很难转弯,郑翼之建议使用船身灵活的小货轮。在太古总行的支持下,郑翼之全力拓展驳船业务,太古洋行的轮船运输很快跃升天津外轮第一位,食糖、面粉、油漆、保险、房地产等业务也发展迅速。郑翼之也成为富豪,人称“太古郑”。

1941年太平洋战争爆发后,太古洋行一度停业。20世纪50年代,太古集团将其在中国大陆的全部财产转让给中国外轮代理公司,天津太古洋行结业。20世纪90年代,太古集团再次进入中国大陆市场,除投资可口可乐、国泰航空外,还涉足地产行业如北京三里屯太古里、广州太古汇、上海兴业太古汇等项目。

同样为人熟知的,还有太古糖业。太古糖业于1881年成立,1884年在香港建成炼糖厂并投产,不久便发展为当时全球规模最大、设备最先进的糖厂之一。太古糖业的创办,早期意义仅仅是为了从香港经华南至华北的船只能够满载。发展至今,太古糖以及茶、咖啡等产品不仅在中国占有较大市场,同时远销东南亚、北美等地。

太古洋行大楼建于1895年，为二层砖木结构，沿解放北路主立面以拱形门窗作为主要特征。两层开窗形制相同，装饰不同。一层窗楣采用放射状花饰，窗间墙以横向沟槽装饰，二层窗楣做拱形窗套，上方辅以拱心石，窗间墙用爱奥尼克扶壁柱装饰。入口位于大楼中部，采用内凹手法，入口上方露台再次内凹，衬托建筑雄伟，露台中间设旗杆而非建筑顶部。外檐以青砖为主。在2013年之前，门窗券顶部等部分位置采用红砖，好似体现中国传统建筑元素，窗体架构及铁艺护栏采用白色。现已粉刷为浅灰涂料，窗体架构与铁艺护栏变为棕、黑二色，更显沉稳厚重。

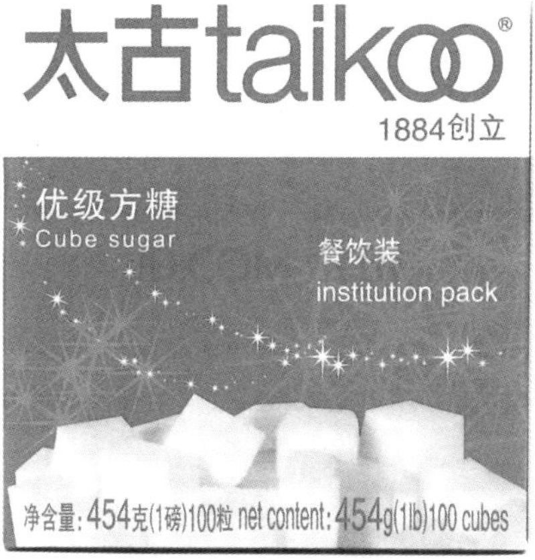

太古方糖、砂糖至今畅销各地

在太古洋行的南边，原为著名的惠罗公司大楼。该楼由英商惠罗公司、伊文思图书公司和利亚药店共同使用，一层为商场，经营进口高档生活用品，清逊帝溥仪居津期间曾经常光顾。2004年，保定桥动工修建，保定道向东延伸，穿过大沽北路与解放北路，惠罗公司大楼遂被拆除。

利华大楼

坐落在维多利亚道(英租界中街,今解放北路)中段的利华大楼,建于1936至1938年。从建成到20世纪70年代,它一直是解放北路上最高的建筑。在以西方古典主义建筑风格为主的解放北路上,摩登风格的利华大楼给人以鹤立鸡群之感。它与和平路上的渤海大楼、中原公司大楼(今百货大楼)也一直是那一时期天津的三大高楼。

利华大楼为瑞士籍(原法籍)犹太人李亚溥独资兴建("利华"即李亚溥外文名字的音译),由法商永和营造公司工程师慕乐设计。该楼为框架结构,主楼10层,高43米,建筑面积

利华大楼是天津最早拥有现代化设施的高层建筑之一

6193平方米，是一幢办公兼高级公寓式大楼，也是天津最早具有现代化功能的高层建筑之一。受20世纪30年代新建筑运动影响，利华大楼整个建筑立面虚实对比，方圆结合，挺拔明快。八层开始逐层向里收缩，使立面造型有所变化，是天津近现代高层建筑艺术的范例。

外立面富于变化，别具一格

利华大楼主楼平面东西长向，呈凸字形，与东、西配楼围成方形庭院。主楼底层设门厅、营业厅、经理室、锅炉房等。二至八层是成套高级公寓，每套公寓设过厅、客房、会客室、盥洗室、厨房、餐厅等。客房和会客室配有更衣室、卫生间、暖廊。九层为李亚溥的住宅，与公寓相似，客房改为卧室，增设书房、衣帽间及通长凉台。东配楼底层为商店，西配楼底层是汽车库。二层为一般客房、公共卫生间。大楼室内装修考究，门窗均以硬木制作。门厅、大厅、会客室、客房等多为落地式大玻璃门。底层大厅地面，柱子采用暖色大理石饰面，客房、会客室、卧室、餐厅多为席纹硬木地板。楼内上下水道、暖气、卫生和照明设施完备。

1939年，美国领事馆迁至利华大楼。中华人民共和国成立后，利华大楼曾为河北省委办公楼。现为中国农业银行天津市分行办公楼。此楼为天津市文物保护单位、特殊保护等级历史风貌建筑。

天津印字馆

建筑底部原为柱廊结构

天津印字馆坐落于英租界中街中段东侧，今解放北路利顺德大饭店迤北。

天津印字馆1885年开办，初名“天津印刷公司”，是天津租界第一家出版印刷企业。它原属英商怡和洋行，经营一般文具，印刷一般书籍，后为天津海关税务司、德国人德璀琳及其女婿汉纳根的公司所有，1894年改名为“天津印字馆”。

1886年5月16日，在天津印刷公司印行天津第一份英文报纸《中国时报》周报。该报译载皇帝谕旨及各种消息，社论多涉及与租界公众利益有关的事物，如河道、港口、道路修筑计划及社团组织建议等。撰稿者多为社会名流，如丁韪良、明恩博、李提摩太、丁家立等。主编为伦敦《泰晤士报》驻华通讯员、李鸿章的顾问宓吉。他著有《从北京到彼得堡的西伯利亚路》

《在华传教士》《中国与基督教》等。该报于1891年停刊。

著名记者爱泼斯坦(1915-2005)

1886年11月6日,天津印刷公司又出版天津第一份中文报纸《时报》。该报由德璀琳创办。1890年起,著名英国传教士李提摩太受李鸿章聘请,担任该报主笔近两年。报头有日出图像,周围有"在明明德"四个小字。日刊,星期日无报。1888年该报馆代印了《伊索寓言》的一个译本《海国妙喻》。该报于1891年6月停刊。

1894年,天津印字馆出版由英人斐今汉创办的英文《京津泰晤士报》周刊。转年,产权卖给北洋水师学堂教习兼《字林西

山墙一面朝向主街,风格独特

报》通讯员马莱绪和美国公使田贝。主编为斯密斯夫人。1902年10月1日改为日刊。20世纪30年代，出生在波兰的犹太人、著名记者爱泼斯坦，曾在《京津泰晤士报》工作过。

此外，1894年路透社天津分社也曾设于此楼。这里成为通讯社、报社、印字馆三位一体的英国文化宣传机构。

天津印字馆建筑为五层楼房，建筑面积约3000平方米。此楼正面山墙临街，大坡屋顶，建筑立面采用玻璃与实墙交替使用的手法，风格别致，是英国民居建筑与现代建筑结合的一个实例，也有很多专家认为它属于巴伐利亚风格。此楼曾为天津市糖酒茶食品总公司等单位使用。它是重点保护等级历史风貌建筑。

戈登堂

宏伟壮观的戈登堂是天津英租界乃至整个外国租界最具标志性的建筑物，也是中国通商口岸筑建的第一座租界市政大厦。

1889 年至 1890 年，在天津海关税务司、英租界董事长德璀琳的倡议下，英租界工部局投资三万两千两白银，于维多利亚道(英租界中街，今解放北路)中段西侧建筑了一座大厦，以天津英租界的规划者、曾协助清政府镇压太平军、后被苏丹人民击毙的英国军官戈登命名，叫作“戈登堂”。直隶总督兼北洋大臣李鸿章、天津道余昌宇、美国公使田贝及各国驻津领事应

戈登堂与维多利亚花园

邀出席了戈登堂落成典礼。李鸿章宣布大楼正式开放，并在讲话中表达了对戈登的悼惜。随后，他将两把扎着灰色和红色缎带的钥匙交给德璀琳。戈登堂开始是纳税人开会和娱乐的场所，后来成为英租界工部局办公新厦。

青砖外墙，女儿墙为垛堞状，主入口向外凸出

英国建筑师昌布尔设计的戈登堂，为英国中世纪都铎式风格。城堡似的两层砖木结构楼房，铁皮瓦屋顶，青砖墙面，门窗多为尖券式，屋檐作雉堞式檐墙，使人感到既威严又神秘。

在长达半个多世纪的岁月里，地理优越、屋宇敞阔的戈登堂既是英租界的行政管理中枢，又是天津最显赫的庆典场所和社交中心。戈登堂建成不久的1892年，李鸿章过70岁大寿，他被邀请在戈登堂举办隆重的庆宴。李鸿章兴奋之余捐资在大厅搭建戏台，请来中国戏剧和杂技班子上演，以酬谢为他祝寿的洋人。大厅四壁挂满中国织毯和帷幕，图案是象征吉祥长寿的鹿和老寿星。李鸿章将各地祝寿的礼品转赠给英租界工部局，成为戈登堂大厅长期的装饰品。《点石斋画报》主笔、上海著名画家吴友如为此还画了一幅《介寿开觞》图，后来收入《吴友如画宝》。据1904年4月6日《大公报》载，戈登堂里经常上演“外国新戏”“英国名戏”,剧目为华人所不知,观众大多数是各国侨民,也有少数中国人。1937 年,为庆祝英王乔治六世加冕,戈登堂设置灯光设备,造成迷人的夜景。在 1940 年以前天津还没有犹太教会堂的时候,犹太人通常在重要节日租用戈登堂的大厅。日本侵华时期,德军重返天津,戈登堂堡顶也曾悬挂纳粹旗帜。天津解放后,戈登堂成为市人民政府办公楼。

1976 年唐山大地震,戈登堂损坏严重。1981 年拆除后,在原址建筑了新式的天津市人民政府办公楼。2013 年,天津丽思卡尔顿酒店在市政府办公楼原址建成开业。酒店后面沿解放北路一侧至今仍保留着原戈登堂的附属建筑,五十岁以上的天津人见到它,总会回味起昔日戈登堂所代表的维多利亚时代,回味起它的奢华与精致,傲慢与沉郁。

这座附楼依然保留着戈登堂的建筑风貌

维多利亚花园

维多利亚花园，也叫“维多利亚园”“维多利亚公园”，又名“英国花园”，是天津英租界第一座公园。它比与它同名的香港维多利亚公园早诞生了六十多年。

维多利亚花园位于维多利亚道（英租界中街，今解放北路）中段西侧。它的东面坐落着著名的利顺德大饭店，西面是海大道（今大沽北路），南面是咪哆士道（今泰安道），北面是后来建成的著名的英租界工部局大厦戈登堂。

1886年前，维多利亚花园所在地段还是一个臭水坑。为庆祝英国维多利亚女王即位50周年，英租界工部局投资，填垫

英租界乃至整个天津租界的社交中心

花园整体为方型,中心有中式六角亭

水坑，修建花园，于1887年6月21日正式开放。

这个公园在英国传统造园风格的基础上。吸收了中国园林自由式布局的手法,形成了半规则半自然式的组合,是典型的中西合璧式园林。整个花园占地1.23公顷,呈正方形,东、南、西三面临马路,北面与戈登堂融为一体,相互映衬,充满英国古典情调。花园中心耸立着一座仿中国古典式的六角亭,亭子周围有一圈花池,有四条道路呈辐射状通向四个角门。后来在这个亭子的东边又补建了一座较小的六角亭。花园东边和南边靠近马路处，各有一连串长方形的花坛和花径。花园西部原建有一座花窖,半地下式,窗朝西南,顶部种植花草。花园东南部早年曾辟有一处小型兽栏,展示一些观赏性动物。20世纪初,花园东南部曾设置着一座钟架,上面悬挂着一口大钟,是八国联军中的日本军队从海光寺掠夺来献给英租界工部局的。第一次世界大战结束后,在花园的东南部修建了一座约五

海光寺大钟曾设在花园东南角

米高的“欧战胜利纪念碑”。

维多利亚花园居于英租界的政治中心，是外国冒险家和淘金者休憩和交游的乐园。夏天，由中国海关总税务司赫德组建的西乐队在这里举办每周一次的露天音乐会，节目单往往提前一周就能印发出来。据记载，“乐师是从苦力阶层中招来的，通过学徒制度以取得队员资格”，他们以能演奏“一百个保留节目而著名”。与当时上海外滩公园一样，这座美丽的公园仅供洋人消遣娱乐之用，却不准中国人入内。花园门口曾立有“游园须知”牌，写有“中国人不准入园”和“有人与无人带领的犬一律不准入园”的条款。太平洋战争爆发后的 1942 年，花园南侧的咪哆士道(今泰安道)改名为南楼街，花园也随之改名为“南楼公园”。1945 年抗日战争胜利后，它先被改名为“解放公园”，后改名为“中正公园”。天津解放后，它被定名为“解放北园”，市民则爱叫它“市委公园”或“市府花园”。

如今的解放北园，基本保留了维多利亚花园的总体布局，只是里面的很多树木已经十分高大和茁壮，一百多年前的“草坪公园”居然长成了“森林公园”。

公园中西元素相得益彰

利顺德大饭店

利顺德大饭店是天津开业最早的著名外资饭店，也是中国开业最早的外资饭店之一。它是近代以来中国政治活动、经济活动和外交活动的重要场所，很多中外历史名人曾下榻于此。

坐落在维多利亚道(英租界中街,今解放北路)、面临维多利亚花园、背依海河的利顺德大饭店,1863 年由英国基督教圣

主入口的扇形阶梯和木质旋转门,雍容华贵

道堂牧师殷森德从英国女王驻津代表手里买地创建。初建时占地六亩，为英式平房，瓦楞铁顶，被称为“泥屋”“老屋”。

1886年，殷森德与天津怡和洋行买办梁炎卿，天津海关税务司、英租界董事长德璀琳等集资，将“泥屋”改建成一座具有英式古典建筑风格的三层豪华饭店，占地面积3200平方米，建筑面积6200平方米。殷森德按照自己姓氏的中文译音，将饭店命名为“利顺德饭店”(Astor Hotel)，并巧妙地把中国孟子的治世格言“利顺以德”蕴含其中。饭店英文名称为“总督府第饭店”的缩写，据说是以时任直隶总督李鸿章的府第而命名的。

1895年改建后，这座带五层转角塔楼的三层砖木结构建筑，造型轻快、活泼、开放，富有浪漫主义色彩。整座饭店就像远航而来的一艘大型客船，敞开式的阳台连接起来则像船上的甲板，好似在迎接着印度洋上的热带海风。屋顶上密集的烟囱同时冒烟的时候，就更像一艘正在航行着的巨轮。天津开埠早期的英式砖木结构房屋，特别是临近海河的平房和矮楼，可能受到英国在南亚和东南亚的殖民地高温、多雨气候的影响，普遍是大窗户、大阳台。后来，这些英国人深切地感受到中国冬季的严寒和风沙，于是窗户和阳台的规模都明显地收敛了。

1924年，在饭店北侧增建了钢混结构的四层楼房，总建筑面积达到12610平方米。今天人们所看到的利顺德老楼，则是在1929年重建的。说它是“老楼”，是因为20世纪80年代在饭店的后身又增建了规模更大的钢筋混凝土框架结构新楼，饭店的主要入口也由解放北路改至海河岸边的台儿庄路。

利顺德饭店建成后，很快就成为重要的政治、经济、外交场所，英国、美国、德国、日本等国曾将领事机构设在饭店内。

《中国丹麦条约》《中国荷兰条约》《中葡天津通商条约》《中法简明条约》等均在此签订。孙中山、黄兴、宋教仁、张学良、溥仪、蔡锷、梁启超、袁世凯、徐世昌、曹锟、段祺瑞、顾维钧、梁炎卿、陈嘉庚、傅作义、刘亚楼、程思远、十世班禅、梅兰芳、马连良、张君秋、戈登、西哈努克、荻村伊智郎等近现代风云人物和中外著名人士,均曾在此驻留,遗下很多历史足迹和文物。后来担任美国总统的胡佛曾经长期住在这里,并在饭店里举行了隆重的婚礼。就是在这里,他因进行开平矿务局股权骗购和侵吞活动而发迹。中华人民共和国成立后,利顺德饭店对中国的外交工作多有贡献,周恩来、朱德等党和国家领导人曾在这里宴请外国贵宾。

利顺德饭店对中国和天津本地的发展也发挥过积极作用。中国最早的大学——北洋大学是利顺德饭店的股东参与投资建立的。1886 年从唐山到天津的中国第一条铁路是饭店股东说服李鸿章修建的。在中日甲午战争中立下战功的北洋水师战舰“利顺号”也是利顺德饭店捐赠的。中国第一条有线电话线路从天津直隶总督官署到南郊葛沽,利顺德饭店是中继站,同时它也成为全国最早使用电话的企业。天津第一条碎石道是1887 年由利顺德饭店出资铺设的。利顺德饭店里设有一

婉容、赵一荻曾经演奏过的美国汉密尔顿牌钢琴

部老式电梯,20 世纪 20 年代安装，至今仍性能完好、运行顺畅,是中国现存历史最为悠久的一部电梯。

在 20 世纪 20 年代前后,利顺德饭店曾有被称为“礼查饭店”的记录。如天津《大公报》1925 年 2 月 25 日就有报道,为庆祝美国首任总统华盛顿诞辰 193 周年,侨津美国人于 23 日晚上在“礼查饭店”举行盛大宴会和舞会,直隶军务督办李景林等中方高级官员,美国、英国、法国、比利时、瑞典、丹麦、挪威、日本等国驻津领事,以及各租界工部局要员等,共有四百多人参加。此外,上海《申报》自 1919 年至 1943 年对“天津礼查饭店”也多有报道。近年还发现了一幅摄于 20 世纪初期的利顺德饭店照片,上面题有“礼查饭店”字样。有些人士认为利顺德饭店并没有“礼查饭店”这个名称,主要原因可能是他们知道上海有一家与利顺德英文名称一样的著名老饭店——礼查饭店(今浦江饭店),觉得两家大饭店的名称最好不要重复。其实,世界各地叫“阿斯达”(Astor)的饭店有很多,如希腊雅典、

利顺德博物馆展品琳琅满目

印度加尔各答、美国奥兰多、菲律宾马尼拉、瑞士苏黎世、意大利佛罗伦萨等地都有,其间没有连锁关系。“利顺德”和“礼查”只不过是两种译法而已。

天津沦陷时期，日本军队强占了利顺德饭店，并改名为“亚细亚饭店”。1952年3月,利顺德饭店移交人民政府,随之更名为“天津大饭店”。此后的三十多年间,又相继使用“天津饭店总店”“天津饭店”等名称。1985年,随着老楼改造的竣工,这座有百余年历史的老饭店恢复名称为“利顺德饭店”,英文名称恢复为“Astor Hotel”。

1997年,利顺德大饭店成为全国重点文物保护单位。与其说是保护利顺德的文物和建筑，还不如说是保护利顺德的历史。与天津几座更先进的现代化饭店相比,利顺德的独特魅力在于:虽然历经沧桑,却依旧透出尊贵。今天利顺德饭店老楼很多客房门外,都钉着一个小型说明牌,上面写着曾经住过这间客房的历史名人及其事迹,室内还配挂有相同主题的油画。房间的布置尽量维持着旧貌，因为住在这里的宾客喜欢地面上铺着传统图案、古老纹饰的地毯。倘若地毯下的木地板踩上去略有些吱吱响的松塌感,那就更好了。

利顺德大饭店为特殊保护等级历史风貌建筑。饭店地下一层设有利顺德博物馆综合展厅,规模可观,展品丰富。在参观利顺德百余年遗存的琳琅满目的文物藏品和照片的过程中,观众无不被墙上陈列的巨幅系列连环画所吸引。这一系列连环画总题为《百年探秘》,表现的是百余年来一些重要的历史人物和历史事件与利顺德饭店的密切关联。《百年探秘》连环画分为五组故事,包括《骗占开平矿密谋利顺德》《胡佛避险利顺德》《袁世凯避难利顺德》《曹锟藏钞利顺德》《孙殿英献宝利顺德》等，每组三幅图画，由施振广绘画、何焕臻撰写说明文。利顺德博物馆的牌子挂在饭店解放北路一侧的入口处，这里原来是饭店的正门。利顺德博物馆是中国唯一一家豪华酒店专属的博物馆。

有“华夏第一店”美誉的利顺德，本身就是一件珍贵文物

英国俱乐部

坐落在维多利亚道(英租界中街,今解放北路)与咪哆士道(今泰安道)交口东南侧的英国俱乐部,也叫"英国球房",后濒海河,北面是著名的利顺德大饭店,西北面是维多利亚花园,正面沿维多利亚道迤南是维多利亚大楼。

英国俱乐部始建于1904年,由英租界董事长德璀琳发起兴建,上海英商爱尔德洋行驻津代表霍华德·福特进行设计。俱乐部内设球房、舞厅、酒吧、餐厅、阅览室、纸牌室、会议室

围栏样式几经变化

丰富的细节装饰，使建筑整体优美、典雅

等，设施和装饰极为豪华。它是英国驻津高级警官、军官和侨民消遣娱乐的场所，也是英国商会组织的俱乐部，为在津英商议事聚会之所，因此亦称“游艺津会”。

英国俱乐部建筑为仿希腊复兴式二层砖木结构楼房，带地下室。入口为条石扇形台阶，上檐筑有西式山花。大楼正面立有十余根修长的古希腊爱奥尼克式立柱，墙面窗口上有盾牌式雕花及多种西洋古典式装饰，使建筑整体显得典雅华贵。在面临英法租界中街的所有建筑中，英国俱乐部前面的广场算是最宽阔的，这也从远视效果上衬托出楼房的气势。1964 年 5 月初，珠江电影制片厂《大浪淘沙》摄制组曾在此取景，借以表现 1927 年收回汉口英租界的重要场面。

历经百余年风雨的英国俱乐部建筑目前保存尚好，只是南侧二层的大型晒台早已封闭为房间，红色的瓦顶看上去亦非原来的材料。这座楼房现为天津市人大常委会办公所用。20 世纪 90 年代拍摄电视剧《雷雨》时，曾选取这里作为周朴园公馆的外景。此楼是天津市文物保护单位、特殊保护等级历史风貌建筑。

五大院

五大院内的新式建筑有着同样的英式韵味，文化情怀与商业元素并存

解放北路南端穿过的一大片区域，现统称为泰安道五大院商业街区。五大院由一至五号院构成，是天津加快服务业发展的重点工程，也是保护历史风貌建筑的文化工程。项目于2010年开工建设，形成围绕解放北路的五大英式院落体系，总建筑规模达51万平方米，投资近90亿元。

一号院由解放北路、保定道、台儿庄路和新太原道围合而成。建筑底层为服务型商业项目，上层为公寓，沿解放北路一侧为精品酒店。原址有皇宫饭店。皇宫饭店原名环球饭店，为三层砖木结构楼房，有英国中世纪建筑风格。1995

年合资后由外方经营管理，成为天津首家中国和新加坡合资的涉外三星级饭店。

开滦矿务局大楼主立面中间齿饰下，隐约可见开滦矿务局的英文标牌痕迹

二号院由解放北路、泰安道、大沽北路和彰德道围合而成。项目定位为企业总部和商业综合服务区。院内有原泰莱饭店大楼、第十八集团军驻津办事处旧址和原屈臣氏大药房大楼。屈臣氏大药房于1886年开业，专营西药，20世纪初期迁至该楼。建筑为四层混合结构，沿解放北路立面为水泥饰面，二至三层间有通高爱奥尼克式方形扶壁柱，设计简约大方。

三号院由大沽北路、烟台道、安徽路和泰安道围合而成。新建建筑为高端公寓及社区服务、商业配套。院内有原美国兵营和花园大楼旧址。花园大楼为五层混合结构高级公寓建筑，由英商先农公司兴建，使用者当时多为洋行高级职员及外商。楼内设施完备并配有电梯，底层沿大沽北路设计为商铺。由于毗邻维多利亚花园，因此得名。

四号院东至解放北路，北至太原道，西至大沽北路，南临解放北园。北侧新建建筑为酒店式公寓。院内原有戈登堂，现存原英租界消防队配楼。戈登堂旧址现为天津丽思卡尔顿酒店。丽思卡尔顿为万豪国际集团旗下全球连锁品牌,总部设在美国马里兰州。该酒店于 2013 年开业,拥有 277 间客房,建筑高大雄伟,是天津高端酒店的代表。

五号院由大沽北路、泰安道、浙江路和曲阜道围合而成。院内有原开滦矿务局大楼、基督教女青年会旧址、纳森旧宅和原英国领事官邸。现有高端商业百货商厦友谊精品广场和五号院主塔楼。五号院主塔楼为钢结构、砼筒体结构 5A 级高档写字楼,高 253.8 米,配套设施完善。2018 年,中国人寿金融中心(天津)落户该楼,该项目是继北京朝阳 CBD 核心区、上海陆家嘴 CBD 核心区之后中国人寿在全国设立的第三家金融中心。

友谊精品广场和主塔楼

五大院于 2012 年正式开业。建成后的五大院,英式建筑风情浓郁,品牌优势突出,业态组合丰富,商务功能完善,在拉动服务业方面取得了丰硕的成果,与解放北路的异域风情完美相融,同时提升了城市形象和品位。

天津第一饭店

提及解放北路上的早期高级饭店，除利顺德外，还有一家同样出名，它就是泰莱饭店。原泰莱饭店大楼坐落于解放北路与彰德道交口的西北侧，五大院二号院区域内，始建于1929年。现为喆啡连锁酒店，重点保护等级历史风貌建筑。

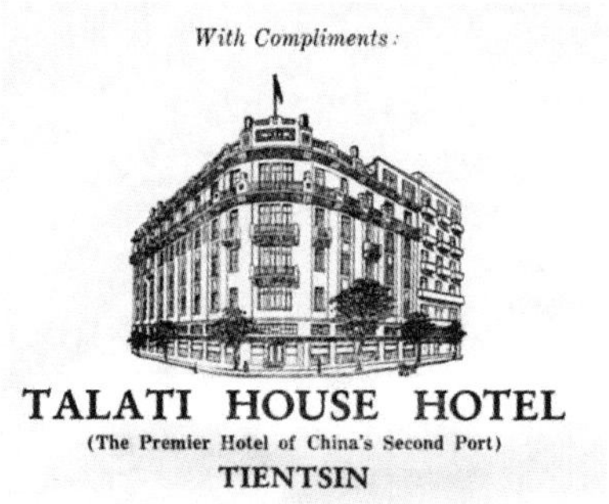

泰莱饭店早期广告

大楼由比商义品公司设计，钢混结构，沿解放北路呈L形，在路口处做圆弧处理。一层采用通长的雨棚，与五层的通长外挑阳台相呼应，使建筑横向分为三部分。纵向矩形外窗用不同形式的扶壁柱分隔，三、四两层的转角处以及两侧不规则加设悬挑独立阳台辅以铁艺护栏，下设牛腿支撑。顶部为平顶，与解放北路金融类建筑相似，转角处女儿墙抬高并做雕花装饰，加强入口识别性。外檐大面积为黄褐色麻面砖与水刷石方壁柱相间的装饰效果。二期建筑开窗风格有所不同，窗口采

饭店早期曾使用过的明信片，对建筑外形描绘细致

用古建中的叠涩收进手法，纵向内凹，形成三列，规整之中突显挺拔。内部分设商业用房、写字间和公寓等不同功能楼层，布局完善，会客室、餐厅、厨卫间一应俱全，还配有奥的斯电梯。大楼整体感强，色彩稳重典雅，具有典型的现代主义建筑特征。

泰莱饭店的创办人是英国籍印度人泰莱悌和英国人莱德劳。泰莱悌出生于印度孟买，1900 年随八国联军后勤保障队来到天津，初期开设小卖店，收入渐丰后在德租界盖房并购置马车，开办永昌泰车行。1908 年前后在今大光明桥附近开设永昌泰洋行，出售中外烟酒、罐头食品等。洋行生意兴旺，泰莱悌加入英国籍并转向房地产业，财富与日俱增。

伴随天津的外国人越来越多，饭店的市场需求也越来越大。泰莱悌与莱德劳共同出资建造了泰莱饭店。泰莱悌经营餐厅和二、三层的旅店，莱德劳经营四、五层的公寓。后因四、五层水压经常不足，而增设的水泵工作时发出的声响影响低层住店人员休息，二人争执不下，分道扬镳。泰莱悌买下莱德劳的股本，开始独揽经营权，并于 1936 年在饭店北侧增建了一座与现有建筑相连通的六层大楼。1941 年太平洋战争爆发后，侵华日军占领了泰莱饭店，曾更名为“新天津饭店”。

泰莱饭店于1951年改为矿业学院宿舍,1953年由市政府交际处接管,改为"天津大饭店第一分店",1970年改名为天津第一饭店,曾长期作为天津专门接待华侨、港澳台同胞和外宾的饭店。

关于这家饭店的名称,除"泰莱"外,还有"泰来"的写法。翻阅史料和故纸,发现"泰莱"一词极少出现,仅见于1948年中央航空公司启事,标明该公司天津站办事处地址为"泰莱饭店三〇八室"。而"泰来"的写法更为常见,或与其汉语吉祥含义相关。一般认为,这家饭店以主要出资人的名字命名。其实1929年11月30日饭店开业时,《大公报》当天刊发消息的标题是《英中街来得乐饭店今日正式开幕》(英中街,即英租界中街,今解放北路)。消息内容为:"英租界中街屈臣氏药房傍泰来大楼来得乐大饭店, 定于今日正式开幕……该处地基为印度人泰来悌所有,后英人来得乐即拟于此地开设饭店,遂与泰来悌各出资二十万元,开始建筑……"可见,"泰来大楼""来得乐大饭店""泰来悌""来得乐"中的"来"字,皆无草头。饭店既名"来得乐",更无加草头之必要。但因天津市历史风貌建筑保护铭牌采用"泰莱"的写法,近年出版的报刊图书大多随之,本文亦姑且随之。

凯悦饭店

凯悦饭店坐落于解放北路、彰德道、台儿庄路和曲阜道围合的地块内,即原招商东栈所在位置附近,是一座高大的酒店建筑。在凯悦饭店建成之前,这块区域很长时间在地图上并没有明显标注,只曾作为大光明影院的存车处。

凯悦饭店曾作为天津的地标建筑,无数次登上各类纸质印刷品

改革开放后,天津经济社会不断发展,商贸洽谈的外商以及访津游客不断增多,几座老牌涉外饭店囿于规模,已不能满足市场需求,入住率都已经相当饱和,建设现代化的大型饭店迫在眉睫。作为天津的第一家合资饭店,凯悦饭店建成后,成为天津规模最大的饭店。凯悦饭店由天津第一饭店和香港利时年有限公司合资兴建,并加入了凯悦酒店集团。凯悦酒店集团总部位于美国芝加哥，首家酒店开业于1957年。香港凯悦酒店是该集团在海外的首家凯悦酒店，而天津凯悦饭店是中国大陆首家凯悦酒店。

凯悦是跨国酒店集团，总部位于美国芝加哥

凯悦饭店由香港潘衍寿设计事务所和天津市建筑设计院共同设计，天津市第三建筑工程公司施工。1986年竣工，施工周期比计划工期提前414天。大楼采用钢混剪力墙结构体系，建筑面积42000平方米，楼高20层，地下1层，沿台儿庄路方向设有2层裙楼。主入口面向解放北路，整体为三段式对称布局，檐口及门头多处使用绿色琉璃瓦，加上外墙柱廊的装饰图案，体现中国古建特征，并形成绿色水平线条。建筑的巨大体量、浅灰色的外檐涂层、三层花岗岩墙裙以及玻璃幕墙烘托出建筑的现代气氛。中西混搭的设计方式，新颖却不失稳重。

饭店的软硬件在当时均属市内一流。商务中心设有复印、洗像、快递、代购交通票、外币兑换、出租汽车等服务项目。大堂空间高3层，迎面设4部电梯。二、三层有北方餐厅、广东餐厅、乡味斋、日本餐厅和各种宴会厅。4层至19层为客房层，分为7个级别，共450套客房，大部分客房均可凭窗眺望海河景色。房内设有中央空调、独立卫生间、影音设备和长途电话。值得一提的还有门前园林庭院里的时钟喷泉。时、分、秒和“欢迎”字样巧妙地通过水柱的组合、变化显示出来，成为饭店的新颖景观，吸引着往来解放北路的人们。

凯悦饭店的地理位置、经营理念，设施服务等众多因素，使它成为天津当时的重要窗口，为人们留下了深刻印象，并成为天津新的城市地标。风光明信片、笔记本封面经常选取大楼外景作为主要元素。测绘出版社在1988年出版的《天津市街道图》中，大光明桥旁的凯悦饭店简笔图，占有很大位置。寥寥数笔，让人一看便知。它与劝业场、国际商场、古文化街、电报大楼一样，成为地图上只用图画而不用文字注明的地点。

大光明影院

在解放北路与曲阜道交口的东南侧,大光明桥西引桥南侧,有一座欧式古典风格建筑,它就是大光明影院。大光明影院原名“蛱蝶影院”,建于1929年。影院位于永泰昌洋行旁,由泰莱饭店创始人泰莱悌和平安影院经理韦耀卿投资,新新公司经营。大光明影院现由天津天影电影有限公司管理,该建筑现为重点保护等级历史风貌建筑。

《大公报》上的蛱蝶影院影讯

大楼为钢混结构,电影在播放时需要避光,使影院类建筑在一定区域内较少开窗。入口上方做大面积雨棚,雨棚上有宝瓶式装饰栏板。沿曲阜道

三面临河，既观电影，又赏河景

主立面采用六根方形扶壁柱，柱顶有横向云纹线脚相连，柱顶有方形牛腿支撑外挑大檐口，檐口底部设齿饰。内部分三层，仿照当时美国主流影院的典型样式。剧场墙壁以绿色为主，辅以金色边，金碧辉煌。座位共1100座，后排不断升高以图减少遮挡，视野宽阔，并装有空调及换风设备。休息室宽敞高大，可作为舞场，三面临河，风景幽静。屋顶花园可俯视海河及隔岸的原俄国花园，为纳凉胜地。放映室在三层楼上最高处，所用放映机为百代公司最新的水银镜双头机，光映在银幕上呈青白色，为天津当时仅有。开业时票价定为日场二角、四角、八角，晚场四角、八角、一元、一元五角，在高级影院中实属低廉，一时间生意兴隆。

1931年，世界著名小提琴大师海菲茨到津，在此举办了两场独奏音乐会。海菲茨的演奏给天津观众以强烈震撼，此次中国之行也是他唯一的访华演出。1934年，影院脱离新新公司，更名为“大光明影院”。1939年，青年爱国团体抗日锄奸团祝宗梁等在影院刺杀了伪中国联合准备银行天津分行经理兼天津海关监督程锡庚。当时正在播出美国影片《古庙战笳声》(又名《贡格丁大血战》),这是一部讲述印度殖民地的故事片,枪炮声此起彼伏,以至祝宗梁开枪时,观众多未察觉。后因影院所在英租界当局拒绝引渡祝宗梁至日方，引起日军封锁英租界等连锁反应,在当时成为备受关注的国际事件。

1941 年太平洋战争爆发后，大光明影院被日商华北影片公司接管。日本投降后,泰莱悌重获经营权,后因债务问题将影院出让给劝业场东家高渤海。高渤海成立了渤海影片公司,经营包括大光明影院在内的多家影院、戏院。1955 年,影院改为国营,1957 年成为天津第一家宽银幕立体影院。1965 年扩建后更名为“海河影院”,1982 年恢复“大光明影院”的名称。1987 年在天津最早引进英国道尔贝电影光学还音立体声设备。后在改造装修中增设了豪华录像厅、酒吧、大屏幕卡拉OK、电子游艺室等。

海信广场

解放北路南端,在今小白楼商圈的范围内。以小白楼海信广场为代表的新型商业业态,加速了天津百货业升级重装的进程。海信广场是海信集团地产及现代服务产业之一,1997年成立于山东青岛,是中国最早的高级百货商场之一,除青岛海信广场外,还包括天津和长沙两家商场。天津海信广场位于信达广场裙楼,由海信集团旗下青岛海信实业有限公司投资1.8亿元兴建,于2007年开业,地上六层,地下两层,总建筑面积

超大的室内共享空间,令人心旷神怡

5.8万平方米,拥有三千余平方米的室内共享空间,有“天津第一中庭”之称。

天津海信广场主力客群锁定都市白领。作为时尚潮流聚集地,开业时已拥有六百多个国内外著名品牌,许多顶级品牌是首度入津。包括卡地亚、古奇、阿玛尼、登喜路、范思哲、施华洛世奇、伯爵等在内的国际著名品牌三百多个,其中独有品牌一百余个,世界级品牌的比例达到品牌总数的80%。Gucci、Breguet、Prada、Fendi、Kenzo等十余个国际顶级品牌都把在天津的首家精品店设在了海信广场,其中卡地亚在中国设立的面积最大的精品店落户在此。除百货外,还有餐饮、娱乐、美容、早教等不同业态。其中地下一层的精品超市,是天津最具规模的进口商品超市之一。

信达广场大厦

海信广场所在的信达广场,由香港信德(天津投资)有限公司、天津泰达集团和中原百货集团股份有限公司共同投资兴建,是集智能型写字楼、酒店式服务公寓、展示型购物中心于一体的CBD全功能国际商务大厦。大楼位于解放北路、曲阜道、大沽北路与开封道的围合区域内。建筑总规模15万平方米,主要由主楼和裙楼组成。主楼高51层,高238米,钢混筒中筒结构。内筒面积为楼层面积的四分之一,内外筒面积随楼高不断收缩并同步变化,保证了结构的安全性。平面为正六边形,外檐采用玻璃幕墙、铝幕墙和石材,具有典型的现代建筑特征。建成后成为天津第一高楼。

海信广场依傍高档商务区,立足小白楼商业中心区,成为该区域高端消费的奠基石。以海信广场、开封道欧式风情街、朗香街、滨江购物中心、国际贸易中心为代表百货业,构成了小白楼商圈的重要支撑要素。小白楼商圈作为天津传统的商务中心区,经过多年建设发展已成规模,区域内酒店、写字楼林立,大型商场密集。此时,集现代甲级办公楼、高端公寓、艺术主题购物中心于一体的天津平安泰达国际金融中心正在小白楼商圈建设,意在未来成为与深圳平安金融中心同规格金融地标。如今的小白楼,正以全新的面貌,承载城市中心经济,助力天津社会发展。

四 解放南路北段

起士林西餐厅

起士林西餐厅坐落于德租界中街北段西侧，即后来解放南路北京影院对过的起士林食品厂门市部，建筑现已荡然无存。

起士林西餐厅始建于 1901 年，由德国人阿尔伯特·起士林以自己的名字创办。最初设在法租界中街,今解放北路与哈尔滨道交口附近。不久即迁至德租界中街，称为“起士林餐厅”。在当时的历史背景下出现的起士林西餐厅,第一次将西方正宗饮食文化带入天津,堪称“中国西餐第一店”。

带屋顶露台的起士林西餐厅

到20世纪30年代，起士林生意更加兴隆，餐厅发展成为五间大门脸，附设舞厅和露天餐厅。天津沦陷后，起士林的生意一落千丈。抗战胜利后，起士林一度为国民党励志社接收，供招待美军使用，其生意随着整个西餐业的复苏始有好转。天津解放后，由人民政府接管，归交际处经营。

1953年，起士林餐饮部分合并到当时的维格多利餐厅(地址在今浙江路与建设路交口的天津起士林总店)。维格多利餐厅以经营俄式西餐大菜为主，同时兼做英、法、德、意式名菜和西点。起士林与维格多利合并后，改名为起士林餐厅，而两店的食品制作部分，单独又设立了起士林食品厂，专门从事西点、糖果、巧克力等生产。后来，由于政治运动的关系，餐厅先后更名为“天津餐厅”“工农兵餐厅”等。1970年，起士林餐厅职工联名给周恩来总理写信，国务院办公厅很快复信，同意恢复“起士林餐厅”这个老字号。

直至20世纪末，起士林食品店和食品厂仍然设在解放南

百年传承起士林，是天津最著名的饮食品牌之一

路上。起士林食品店与其旁边的重庆理发店、对面的北京影院,共同构成小白楼地区的一个繁华所在。

20世纪90年代初,起士林正式称为“起士林大饭店”。现设于小白楼的天津起士林总店,已成为德、俄、英、法、意口味均有的西餐大菜馆。起士林所经营的西餐、西点、面包、冷食、咖啡等,以其口味正宗、用料讲究而享誉全国。可以说,天津人,包括来自天南地北的食客,都是从起士林开始真正认识西餐、了解西餐并喜爱上西餐的。在广大消费者心目中,起士林已成为与西餐、西点同义的代名词,成为一处让“老年人怀旧,青年人时尚”的不可替代的经典场所。

起士林是天津的超级名牌。天津总店及设在北戴河的分店曾接待过无数中外贵宾,西哈努克、老布什等外国领导人对起士林的美味佳肴赞不绝口。

2011年,为纪念天津起士林大饭店建店110周年,天津起士林大饭店与天津日报文化专副刊中心合作编辑的记叙起士林110年历史的图书《起士林——跨越世纪的传奇》由天津人民出版社出版。该书设计典雅,印刷精美,内容共分四辑:“世纪传奇起士林”“名家妙笔起士林”“媒体聚焦起士林”“品味百年起士林”。其中,数十幅珍贵的历史照片,彰显厚重;著名作家航鹰、林希对起士林的印象和历史钩沉,韵味悠长;主流媒体历年来的新闻报道报影及稿件重编,可见渊源;起士林传统经典菜品的制作工艺和实物照片,令人垂涎。这本书,图文并茂地记述了起士林落户津门后110年的发展历程, 从东西方食品文化交融的独特角度, 展示出天津这座中西合璧的历史名城一个值得回味的时代影像。

北京影院

在解放南路与徐州道交口的东南侧，有一座近代风格的三层建筑，它与市政协俱乐部有廊桥相连，这就是市政协委员活动中心，此地曾是北京影院。

北京影院的前身为大华影院，是由美籍俄国人易·库拉也夫创建的。他在中日甲午战争后来到天津，开设工厂，经营机器制造业，颇有积蓄。后转向房地产投资，在德租界威廉街(今解放南路)开设易古父子洋行，经营机器制造业和房地产。1916年，建成大华影院，自任经理。影院为三层砖木结构，有俄罗斯建筑风格。大楼南部顶端矗立着一座高达7米的钢梁锥形瓦楞塔顶，硬件设施一流，装饰豪华并装有电梯。一层陈列并出售机器，二层是电影院，场内宽阔，观众席往后渐次抬高，

光陆影院

有 800 多个座位。二层侧面还设有圣安娜舞厅，张学良和赵四小姐曾在舞厅跳舞。影院三层是放映机房和经理办公室，屋顶上有大平台，夏季开设过露天舞场。

影院的主要观众为洋人、寓公等上流阶层。末代皇帝溥仪，民国大总统黎元洪、徐世昌，“辫帅”张勋等都到过该影院观影。影院播放的影片与世界基本同步，早期放映无声影片。原版进口影片在播放时设有乐台，由乐队根据影片的内容演奏乐曲，烘托气氛。

1931 年，大华影院更名“光陆影院”。光陆和平安（今音乐厅）、蛱蝶（今大光明）媲美，同是当时天津的一流影院。同年 5 月，该影院在天津首映我国第一部国产有声片《歌女红牡丹》。1938 年，影院遭遇火灾，1939 年重建，更名为“光华电影院”。1940 年重新营业，此时影院为三层钢筋水泥结构建筑，融汇现代风格，楼上继续设立圣安娜舞场。1941 年末，日伪当局设立日方经理，接管了光华影院，并专门放映德、意、日的影片。

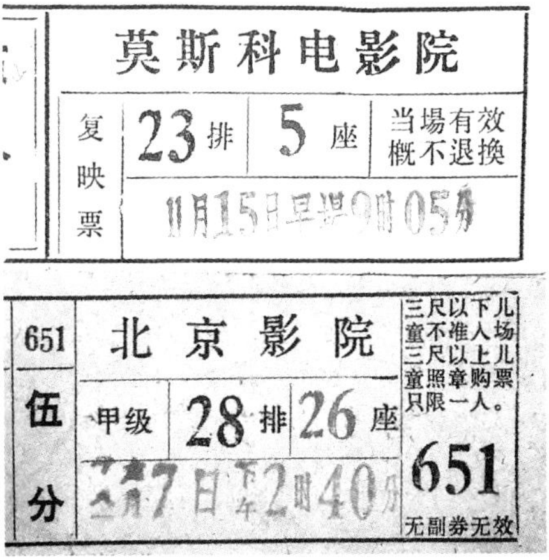

发黄的电影票，让人回忆起曾经观影时的点点滴滴

1945 年日本投降后，影院一度停业，后由库拉也夫再次经营，于 1946 年重新开业。

1949 年 12 月，影院租给苏联影片输出公司驻华办事处经营，更名为“莫斯科电影院”。此时影院放映除中国及其他国家的进步影片外，主要放映苏联的著名影片，并通过影片来介绍苏联建国经验及其他情况。1952 年，经苏联影片输出公司与中国电影发行总公司洽谈，将影院移交中国经营。1958 年，影院划归河西区管理。1966 年 8 月 12 日，莫斯科影院改为“向阳影院”，9 月 29 日又改为“北京影院”。1990 年，经过装修改造，北京影院成为天津第十六家特级影院。2009 年原址改扩建为市政协委员活动中心，设施齐全，环境优雅。其中地下一层为室内游泳池，一层为书吧、咖啡厅，二层为多功能剧场，三层为健身房，屋顶还有露天冰场。

德国俱乐部

天津德国俱乐部，也称“德国球房”“德国总会”，原为康科迪亚总会，坐落于德租界威廉街，今解放南路与蚌埠道交口东北侧。

德国俱乐部大楼于1905年动工，1907年竣工，占地6330平方米，建筑面积3922平方米。三层砖木结构，造价15万两白银。该建筑属新罗马风格，大坡屋顶，顶上建有阁楼和老虎窗，大拱圆形门窗，在造型和装饰上具有显著的日耳曼传统色彩。首层为酒吧、台球房、舞厅、图书阅览室、衣帽间等；二层以

城堡式的德租界代表性建筑

基座和拱券用石料砌筑

礼堂为主,面积约250平方米,另有酒吧间、会议室等;三层为厨房;后院有保龄球房及露天网球场。

德国俱乐部建成后,即成为德国侨民的社交娱乐中心。1919年,德国俱乐部因德国在第一次世界大战中失败而关门。后来俄国人承租俱乐部房产,改组为大赌场。1921年,中德恢复邦交,德国俱乐部重新成为德国侨民的活动中心。1945年,德国在第二次世界大战中失败,俱乐部再度关门。此后,这座建筑先后由美国红十字会、国民党政府临时参议会使用。1949年天津解放,房屋设备等财产由人民政府接收,设立交际处,成为市政府接待内外宾客的主要场所。1952年,此楼交由天津各界人民代表会议协商委员会使用。1959年在此建立中国人民政治协商会议天津市委员会。1989年改为市政协俱乐部。

此楼1976年地震后曾经部分改建。后来在建筑外观上进行了一定程度的恢复,尚能体现天津原德租界风貌特色。现为天津市文物保护单位、特殊保护等级历史风貌建筑。

德国领事馆

德国驻天津领事馆早期曾设在英租界中街，位于今解放北路利华大楼北侧，原址后来先后成为德华银行、金城银行大楼。20世纪初，德国领事馆迁至德租界威廉街，今解放南路与浦口道交口东北侧。新的领事馆建于1911年。它是典型的日耳曼风格的二层楼房，红瓦白墙，侧面探出木质阳台。

作为德国政府的代表，德国驻天津领事馆对租界行政机构和具管理功能的侨民自治会行使决定权和监督权。1917年，德租界在第一次世界大战中被中国政府收回，改为特别第一区（简称特一区），原德租界工部局所辖事权均交由特一区公署接管。德租界虽然在名义上正式收回，但原租界区的德国色彩仍相当浓厚。德国属战败国，但

日耳曼风格的楼房及其前面的大铜人

早期的德租界威廉街

北洋政府对德国人财产并未严格按照处理敌国财产的手段办理，遣侨工作也不认真，各德商洋行形式上关闭，暗中仍保持实力。1921年中德恢复邦交，战后一度由荷兰驻华公使馆代理的德国领事馆立即恢复原状，并于1922年宣布天津领事馆升格，委派贝斯为第一任总领事，德国在天津的经济实力较前反而加强。特别是希特勒上台以后，对华的经济侵略更是有增无减，第一任总领事贝斯及其继任斯威廉都是久居中国、老谋深算的外交官，能说流利的汉语。第三任总领事魏德曼系纳粹分子，曾任希特勒的副官，第二次世界大战结束后，他作为战犯被押送纽伦堡法庭受审。

德国驻天津领事馆原建筑早已不存。20世纪80年代，天津武警总队在其原址上建起了新的七层办公大楼。此址现为天津市税务局第四稽查局办公楼。

在德国领事馆门前的小广场，即今解放南路与浦口道交口，曾经矗立着一座高约十米的铜像，俗称“大铜人”。这个大铜人头戴钢盔，身穿铁甲，手持宝剑和盾牌，武士派头，神气十足。铜像底座四角筑有四根矮石柱，旁边陈放一门废弃的大炮，外围用铁链横穿矮石柱将铜像保护起来。这座铜像名为“卢兰德伯爵”铜像，卢兰德曾因征服法国有功，而被德皇封为边疆伯爵，后来在与西班牙作战中被击毙。这座铜像应为纪念卢兰德而建立。今浦口道原称“纪念碑街”，当与卢兰德铜像有关。从一些历史照片分析，铜像建立时间应在 1906 年以前，早于 1911 年建成的德国领事馆。后来有人查阅到德国档案馆的照片，时间标明是 1905 年 6 月 17 日。

1918 年德国在第一次世界大战失败的消息传来，在津的英、法、美等各国商团和侨民用大绳将卢兰德铜像拉倒。

黎元洪容安别墅

曾任民国大总统的黎元洪有一座著名的“容安别墅”，坐落于天津特别一区威尔逊路(旧德租界威廉街，今解放南路)与纪念碑街(今浦口道)交口西北侧。

容安别墅为黎元洪1917年下野时所购现成房产。这座花园住宅占地三亩七分一厘二毫，包括一幢西式三层楼房和数间附属平房，共44间，建筑面积1878平方米，洋楼为砖混结构，砂石墙面，尖瓦顶，人理石台阶。一楼是大厅、音乐厅、饭厅等，二楼、三楼是卧室、书房等，室内装饰讲究。院内有花园、喷水池、凉亭、石雕像、花窖等。还饲养过两只孔雀，供黎元洪在茶余饭后观赏散心。

原址现已建为泰达大厦

黎元洪在天津英租界盛茂道（今河北路）另有一处寓所，今已不存。在英租界博罗斯道(今烟台道)，还有一座私人戏院，后来曾作为亚洲电影院、儿童影院、小光明影院。

黎元洪非常好客，常在花园寓所及私人戏院接待中外宾客。1924年孙中山第三次来到天津,突发肝病,黎元洪在容安别墅接待了宋庆龄等人。孙中山病逝,黎元洪在容安别墅设灵堂祭奠。

1928年黎元洪病逝于英租界寓所,享年64岁。他心爱的一只孔雀亦突然死去,家属视为奇事。黎元洪的灵柩车由五连武装军警护送至容安别墅暂厝,后葬于容安别墅的西式坟墓。1933年移葬武昌,1935年国民政府举行了国葬大典。

容安别墅现今已荡然无存。别墅的楼房遭到1976年地震破坏,拆除后建成天津武警部队使用的多层楼房。20世纪90年代又在原址建成地上27层的现代化的泰达大厦,天津市政协曾在这座大厦里办公。

泰达大厦

20 世纪 90 年代中后期开始，伴随经济社会发展，高层写字楼作为新型公共建筑，开始在市内一些大型商圈、综合商务区和主干线两侧出现。解放南路北端，即有利和大厦、创展大厦、丝绸大厦、泰达大厦、金皇大厦等。这些建筑功能丰富、造型各异，富有时代特点，在记录城市变化发展的同时，成为解放南路的一道道现代景观。

泰达大厦坐落于在解放南路与浦口道交口的西北侧，由天津市政协与天津经济建设开发区合作兴建。“泰达”是天津

大厦的建成，成为当时解放路上最高的现代写字楼

经济技术开发区的英文全称“Tianjin Economic-Technological Development Area”缩写“TEDA”的音译，具有安泰、通达之意。1992年，天津经济技术开发区在全国率先建立和运用区域识别体系，并以“泰达”这一形象的名称确定为区域的特定称谓。天津经济技术开发区创立于1984年，是滨海新区的重要组成部分，国家综合配套改革试验区的一部分，是中国首批国家级经济技术开发区之一。

泰达大厦工程于1994年奠基，1996年封顶，1998年投入使用。大厦高115米，地上27层，总建筑面积6万平方米，楼层面积约2000平方米，框架剪力墙结构。建筑外檐以银色为主，辅以蓝色，分别为铝板和蓝镀膜玻璃，商务感十足。高层主体为现代设计风格，在底部和入口位置等处采用仿爱奥尼克式柱及三角形山花等欧洲古典建筑元素。建筑顶部有面向不同方向的“泰达”和“津滨轻轨”的大型霓虹灯广告牌，标识感强。泰达大厦建成时，为解放路上最高的现代化办公大厦，也是智能化程度最高的大厦之一。

智能化建筑从20世纪90年代在我国兴起，1995年交付使用的上海人民大厦是国内第一座智能化政府办公大楼。智能化建筑即通过计算机技术、通信网络技术和自动化技术，将建筑内的监控系统、管理服务系统、通信网络系统和办公自动化系统统一起来，使大厦能够提供安全、便利的生活环境和高效、优质的工作条件。办公室内各台计算机联网，并由计算机系统处理公文起草、审批、发稿、发文的全过程，从而实现无纸化办公。同时，电视会议系统提供绿色便捷的会议方式，通过指挥调度系统的摄像机在大楼里还可以观察到道路的交通状况等。

在和平区新华路政协大楼建成之前，天津市政协曾在泰达大厦办公。大厦使用后，在开发区注册而在市内经营的企业不必再往返于市区和开发区之间，不出大厦即可办理税务、工商、保险、人事等手续，并可完成与各地的信息传递，成为开发区为投资者服务的一项重要举措。

轮船招商局

天津轮船招商局旧址位于今解放南路与浦口道交口东南侧，为三层西式楼房，20世纪末已被拆除。原址现为创展大厦。

1872年，以李鸿章为代表的洋务派在天津、上海联络华商，召集资本，选购船只，招聘人员，开办轮船招商局（因系招商兴办），系中国“官督商办”的第一家航运企业。总局设于上海。

轮船招商局天津分局初时设在英租界河坝道旧门神爷庙（今台儿庄路与太原道交口。一说设于紫竹林一带的咪哆士洋行内）。天津轮船招商局在英、德租界均建有码头、栈房。它的开设打破了外国对天津

轮船招商局是天津第一个与外商抗衡的“官督商办”航运企业

航运业的垄断局面。招商局成立之前,天津港尚无中国籍轮船出入；招商局成立后，其轮船数量很快就超过英船而居天津首位。

海河中学

位于解放南路与南京路交口东南侧、海河与原墙子河交汇处的海河中学,是天津市首批市级重点中学,天津市高中示范校、高中特色校,更是一所享誉中外的历史名校。

1873 年,今海河中学所在地,即当时的天津大营门外梁家园,曾作为海军教习所,开近代新学之先河。1886 年,这里由津海关税务司德璀琳集资兴办了博文书院,是天津第一所培养外语人才的学校

1892 年,洋务派实力人物盛宣怀出任天津海关道,与当时在天津主持中西书院的美籍教育家、美国驻天津领事馆副领事丁家立经常研讨办学之事,并着手筹办一所新式学堂。1895 年春,盛宣怀将经过详细研究讨论制定的实施计划向李鸿章禀请具奏。9 月 19 日,盛宣怀拟定了《拟设天津中西学堂章程禀》,递交给新任直隶总督兼北洋大臣王文韶。王文韶将盛宣怀的方案改为《津海关道盛宣怀创办西学学堂禀明立案由》,上奏朝廷。1895 年 10 月 2 日,光绪皇帝批准了盛宣怀的奏章,下令成立天津北洋西学学堂(1896 年更名为北洋大学堂,后来更名为北洋大学,即今天津大学),校址即在天津大营门外梁

家园博文书院原址。北洋西学学堂,是北洋大学(今天津大学)的前身,系中国第一所官办高等学府。海河中学坐落的地方,成为中国近代高等教育的发源地。

从博文书院,历经北洋西学学堂、德华中学堂、大营门中学、女一中,到海河中学,为社会培养了大量的优质人才,创造了天津教育史的一个又一个奇迹。

博文书院也是墙子河以南地区建成的第一组近代西式建筑。北洋西学学堂、德华中学堂的相继建立,促使德租界向墙子河以南发展,德租界中街向南延伸。因此,海河中学也是解放路发展史上的一个地理节点。

天津德华普通中学堂，是德国领事馆控制下的文化教育机构。德华学堂建于清光绪三十三年(1907),校址在大营门外梁家园的德租界威廉街(今解放南路),原为北洋西学学堂校址,当时已成为德国兵营。德华学堂招收中国、朝鲜学生,毕业后被介绍到德国商行工作，或升入上海同济大学后再送往德国留学。

韩国独立运动著名领导人金元凤(1898—1958,号若山),于1916年来到中国天津德租界德华学堂学习德文。第一次世界大战后期,德华学堂停办。1918年9月,金元凤到南京金陵大学学习。他毕业于黄埔军校并担任教官,参加过北伐战争、南昌起义和广州起义。金元凤曾任义烈团团长、朝鲜义勇队总队长、韩国光复军少将副总司令、朝鲜民族革命党总书记、人民共和党委员长,领导了英勇顽强的反日斗争。1948年朝鲜民主主义人民共和国成立后,金元凤先后担任第一任监察相、检阅相、劳动相、最高人民会议常任委员会副委员长。

德华学堂是今天海河中学的前身，金元凤是海河中学杰出的校友。

在海河中学校史馆(教育展览馆)中,展示有百年前德华时期的教学设备和生物标本。

1919 年,由天津教育界著名人士李金藻出面,将原德华学堂接管,改组为大营门中学,由李金藻出任校长。

1924 年,大营门中学停办,拟改建为美术学校。同年 4 月,经直隶省教育厅批准在此兴办女子中学,称“直隶省立第一女子中学校”。1928 年 6 月,更名为“河北省立第一女子中学校”。1933 年 10 月改为“河北省省立女子中学”。1949 年 8 月,更名为“天津市立第一女子中学”。

逝去的教学楼

该校具有女子中学的办学经历共达 44 年之久,20 世纪五六十年代曾是河北省 10 所重点中学之一。该校涌现出坚持真理的共产主义战士张志新,中科院院士、有机化学专家陈茹玉,女高音歌唱家、音乐教育家郭淑珍,中国第一位驻外女大使赵宝琛,以及作家航鹰等优秀妇女校友。

1968 年,该校开始招收男生,以天津的母亲河海河命名为“天津市海河中学”。

2007年12月,海河中学举办纪念其前身德华中学建校一百周年活动,经著名教育家、时任海河中学教学督导的张大耀老师推荐,学校领导邀请海河中学1983届高中毕业生罗文华同学撰写了《海河中学百年赋》:“海河滨西,大营门外,古来兴学沃土,洵为育人宝地。博文书院,书声朗朗,北洋学堂,学子莘莘。自强求富,西学肄习,中华近代高教,皇皇于此肇基。芜园春草,老树新枝,德华兴学,女中为继。世事沧桑,校名几易,披荆斩棘,生生不息。岁岁满目桃李,转眼百年过隙,今我海河中学,津门巍然屹立。百年老校,历久弥新,钟灵毓秀,薪火相承。数代园丁,春蚕烛炬,言传身教,润物无声。朴毅敬诚,进德修业,潜移默化,蔚然成风。素质教育,营造佳境,十年成才,受益终生。学科竞赛,折桂蟾宫,为国荐贤,口碑炳隆。惟楚有材,于斯为盛,英杰校友,灿若群星。眷恋母校,饮水思源,复听教诲,如沐春风。海河流霞,沽水汤汤,东注大海,一泻汪洋。愿我海河中学,师生快乐健康,承续百年宏业,开创世纪辉煌,倍育

百年老校,历久弥新,钟灵毓秀,薪火相承

社会栋梁,再曜精彩华章。”这篇赋不仅庄重地印在海河中学纪念德华中学建校一百周年纪念册的首页，而且作为纪念大会的第一个节目由著名播音艺术家关山先生在《命运交响曲》的配乐中激情朗诵，还安排刊发在纪念日当天出版的天津报纸上。

2012 年 12 月,海河中学举行改扩建示范性高中校工程奠基仪式,在学校赠予来宾的纪念画册和纪念文具上,都以显要位置印有《海河中学百年赋》。2015 年 10 月 18 日,海河中学在校园举办兴学 120 周年纪念大会，历届校友数千人参加。会上,在校学生以音舞诗画的形式朗诵了《海河中学百年赋》。天津市书法家协会主席唐云来先生书写的这篇作品也同时在校园展示。海河中学改扩建示范性高中校工程完成后,《海河中学百年赋》被安排在新教学楼中永久铭示。读过这篇赋的朋友都说,这些发自作者心底的语句,表达了全体师生和校友对海河中学这所历史名校的深情赞颂与美好祝福。

解放南园

坐落在河西区解放南路与杭州道交口的解放南园，附近居民喜欢称其为“南园”或“小南园”。因建于德租界时期，旧称“德国花园”或“德租界公园”。第一次世界大战结束后，改称“特一区公园”。因其北面是特一区公署，后来又设立了警察机构，所以俗称“大局子花园”。天津解放后，改称“解放南园”，与坐落在解放北路与泰安道交口的解放北园相对应。

19 世纪末，该园原址与其北面的北洋西学堂校址是连在

解放南园已成为德式风情区重要景观

一起的。1900年前后，德国花园建成。此后公园几度兴衰，一墙之隔的学校也经历了从德华中学到海河中学的几度变迁；不变的是，一百多年来公园与学校一直为邻，在公园里总能听到从课堂传来的琅琅读书声。

德国花园初建时，面积大于现在的解放南园，有一条小路通到海河边。园中除亭阁花木外，还设有儿童游乐场和兽栏。特一区时期，1920年曾在公园暂设过中国红十字会的妇孺救济机构，1931年青年会曾在此举办过万国长途赛跑运动员摄影留念活动。1939年天津发大水，这里地势低洼，全被洪水淹没，园里曾经行船。1976年大地震，公园附近居民房屋倒塌较多，这座小公园里搭满了防震棚，损失了不少花木，园中雕塑也被毁坏了。

改革开放后，解放南园经过几次整修，变得幽美宁静而又生气勃勃。1982年10月，公园修复后重新向市民开放。园内新栽植了十多种花木，共一千多株。原有的围墙、半壁廊、花展室和山石喷泉等设施，得到修复。重新安装了园灯、座椅，并设置了荡船、秋千、转亭、滑梯、压板等儿童玩具。还在公园的西南部新堆了一座假山，在山上新建了一组新颖别致的亭廊。

2008年，作为解放南路德式风情区重要景观的解放南园，再次完成改造工程。这座具有欧式风格的开放式园林与周围德式风貌建筑相融合，为市民营造了独具特色的休闲空间。在公园的设计施工中，园林部门坚持历史文脉传承与时代特征相融合的理念，结合解放南路德式风情区的整体环境，彰显出该园欧洲新古典主义园林风格。此外，还特别完善了照明装置，在保证该园夜间使用功能的同时，也使其成为一处独具特色的园林夜色景观。

侯德榜故居

在解放南路与奉化道交口东北侧，原有一座三层砖木结构的小洋楼，它是被誉为“科技泰斗，士子楷模”的著名化学家侯德榜故居。

侯德榜(1890—1974)，名启荣，字致本，福建闽侯人。1911年考入北京清华留美预备学堂。1913年以优异成绩被保送美国麻省理工学院化工科学习。1917年毕业，获学士学位，再入普拉特专科学院学习制革，次年获制革化学师文凭。1918年参与哥伦比亚大学研究院研究制革，1919年获硕士学位，1921年获博士学位。

印有侯德榜先生头像的珍贵邮票

1921年，侯德榜接受天津永利制碱公司总经理范旭东的邀聘，离美回国，承担起续建碱厂的技术重任，出任永利技师长。侯德榜埋头钻研业务，经过长期艰苦努力，解决了一系列技术难题，于1926年取得成功，正常生产出优质纯碱。1926 年 6 月 29 日，永利生产出超过卜内门的优质碱。同年 8 月，在美国费城万国博览会上，永利的“红三角”牌纯碱被授予金质奖章。在成功狙击卜内门的价格战之后，永利真正打破了洋碱的垄断。1927 年起，侯德榜在永利化学工业公司任总工程师兼塘沽碱厂厂长。

在总结亲身实践的基础上，侯德榜用英文撰写了《纯碱制造》一书，1933 年在纽约出版，在学术界和工业界产生了深远影响。

1934 年，永利公司为了“再展化工一翼”和生产化肥，决定建设兼产合成氨、硝酸、硫酸、硫酸铵的南京铔厂，任命侯德榜为厂长兼技师长(即总工程师)，全面负责筹建。1937 年 1 月，这座重化工联合企业建成，一次试车成功，正常投产，技术上达到了当时的国际水平。它给以后引进技术多快好省地建设工厂提供了好经验。这个厂，连同永利碱厂一起，奠定了中国基本化学工业的基础。

1945 年日本侵略者投降不久，范旭东逝世，侯德榜继任总经理，全面领导永利化学工业公司的工作。他立即组织恢复永利塘沽碱厂与南京铔厂的生产。

中华人民共和国成立后，侯德榜当选为中国化工学会理事长、中国科协副主席，并任化工部副部长等职。1955 年起，受聘为中国科学院技术科学部委员。

20 世纪 20 至 30 年代，侯德榜与美国著名制碱专家 G.T.李先生同住在今解放南路与奉化道交口这座小楼里。21 世纪初，这座小楼因建设奉化道快速路和直沽桥而被拆除。

吴毓麟故居

在解放南路与奉化道交口西南侧，有一套三层砖木结构的小洋楼,它是曾任北洋政府交通总长吴毓麟故居。

吴毓麟(1871—1944),字秋舫,天津人。他毕业于北洋水师学堂。曾任大沽造船所所长、津浦铁路局局长。1923 年,吴毓麟出任北洋政府交通总长。1924 年他退居津门,投资实业。吴毓麟最初居住在意租界今民主道，后将住宅卖与原东北政务委员会委员、热河省主席汤玉麟,又租住了这套著名实业家庄

地下室的地道据说可通往海河

乐峰 1931 年建造的住宅。

这套住宅原有砖木结构楼房三幢——两幢北楼，一幢南楼。南、北楼之间为庭院花园,周围有十多间平房。两幢北楼均为三层,相互连通;南楼较小,为两层。北楼的三层为屋顶间坡顶,带地下室,多坡瓦屋顶,角部有四锥形小塔楼,外轮廓线丰富。外檐为混水墙面,于入口、窗间、檐口等处设精美浮雕装饰。阳台用每组五个连续圆孔造型形成护栏,风格独特。室内装饰豪华,门厅内设大理石喷泉,做工精美,窗户镶嵌彩色玻璃，厅内拱顶上有人兽混合图案的彩绘。北楼地下室设有井道,据说可通往海河。

抗战胜利后,蒋介石来津曾在此楼住过。天津解放后,此楼曾由市财经委员会、市人民检察院使用。现北楼前、后两幢基本保留原貌，前楼首层和二层正面原来的前廊均改成办公房间使用。前、后楼共有 80 间用房,建筑面积 2723.78 平方米。原来的南楼及庭院长廊已拆除,于 1983 年新建框架结构六层新式办公楼一幢。此楼为天津市文物保护单位、重点保护等级历史风貌建筑。

环球磁卡公司

信用卡，作为现在一种常见的非现金支付方式，于20世纪80年代在我国出现。当时的信用卡以磁卡为介质，长期依赖进口，每年要耗资几十万美元。1989年，环球磁卡首次研制成功我国第一张磁卡，填补了我国在此领域的空白。直至今日，我们日常用到的各种芯片卡和读写装置，许多都出自环球磁卡。

天津环球磁卡股份有限公司坐落于解放南路与奉化道交口东南侧，是天津环球磁卡集团有限公司控股企业。主要以数

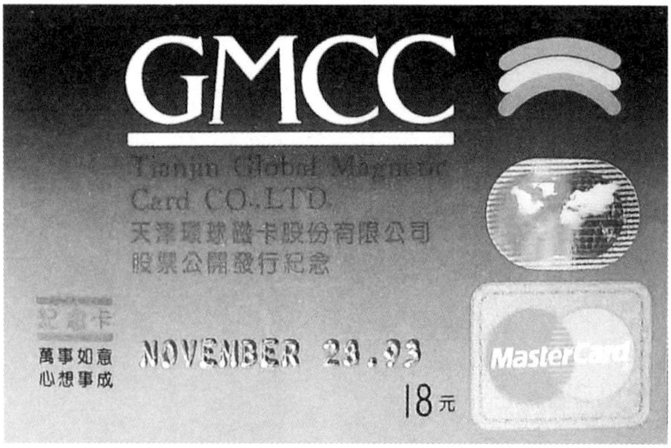

环球磁卡股票公开发行纪念卡

据卡、印刷品、智能卡应用系统及配套机具为主业，开创了中国的数据卡制造业先河，是中国制卡业和印刷业的先行者、城市一卡通公共交通智能终端和系统集成的行业领军者。

环球磁卡的前身可追溯至1938年成立的协和印刷厂，由日商集资创设。当时的印刷设备以铅印机和石印机为主，协和印刷厂是为数不多拥有先进胶印机的工厂。抗战胜利后，工厂由国民政府经济部接收。天津解放后，工厂由中国人民银行印制管理局领导，成为人民币专业印制厂，定名为“天津人民印刷厂”。1955年，该厂命名为“国营天津五四三厂”。1956年改由地质部领导，开始印制地图。1958年下放天津市，1962年地质部收回。1969年再次下放天津市，更名为天津市人民印刷厂。1992年组建环球磁卡公司，在当时是国内唯一研制、生产、经营各种信用卡的企业，是中国包装工业总公司骨干企业，也是中国人民银行唯一专业定点生产企业。1993年，转制为股份有限公司，更名为“天津环球磁卡股份有限公司”。这是天津首家向社会公开发行并在沪上市股票的企业，也是中国制卡行业唯一一家上市企业。

环球磁卡还是中国首家“银联”标识卡生产企业、维萨(VISA)信用卡国际组织、万事达卡(Master Card)国际组织在中国地区获准的首家制卡供应商、国际制卡商协会(IC-MA)中国地区首家会员企业、国际航协(IATA)的注册供应商，同时也是中央国家机关、中央直属机关、金融票证和民用航空运输凭证的定点生产单位，公安部第二代身份证、中国邮政邮资票品、中国环境标志产品认证产品、天津市行政事业单位、天津市国税局发票及国税系统印刷服务定点生产企业。

从环球磁卡公司解放南路的大门向内望去，可以看到院内的一座老式洋房，2004年被确定为日本间谍川岛芳子的寓所。这座建筑建于20世纪20年代，为二层砖木结构，红瓦顶搭配白色混水墙面，并设有阁楼和老虎窗。建筑南侧凸出，首层入口处和二层均为外廊式，并仍保持德式建筑风格。1932年时，川岛芳子曾两次在此处居住。

川岛芳子故居

德美医院

解放南路棉二大院大门正对面，曾经有一家德美医院，它是河西地区最早的西医医院。

1924 年，由德国人和美国人合作，聘请奥地利著名设计师盖苓等设计，在特一区威尔逊路兴建天津德美医院。德国柏林医科大学教授海洛斯（又译“埃克斯”“海阁士”）任院长，奥地利籍犹太人、维也纳大学医学博士伯瑞尔任副院长。

德美医院是河西区最早的西医医院

德美医院是一座砖木混合结构的德式三层小洋楼，另盖有部分平房。由于医院本身的特殊需要，给设计提出了高难度的要求。设计师在整个设计中没有采用木制材料，手术室的墙壁用两米高的玻璃瓦覆盖，经过特殊处理的玻璃窗可以起到有效的防尘作用。从先进的X光室、花园式的病房、电理疗室，到消毒室、洗衣房、厨房，都有极其精到的构思。医院大部分先进的设备从德国购进，在当时的天津是一流的。医院有病房23间，共有床位60张。由于该院收费过高，所以患者多为在津的外国人及天津的达官贵人。

1941年，德美医院兴建了西楼，即后来的河西区琼州道38号、40号。该楼也是三层小楼，砖木结构，共有24间房，多为员工住宅。此时，德美医院进入鼎盛时期。

天津沦陷时期，为逃避日伪政权的接收，医院在形式上“清除”了美国人股份，并更名为“德华医院”。抗战胜利后，美国人恢复了股权，医院又恢复名称为“德美医院”。1946年，医院被迫停业。随即将房屋及设备出租给天津苏联医院，改称“天津苏联公民协会医院”。天津解放后，又转租给在该院工作的中国医生潘其壎等组成的德美医院和记有限公司，仍称“德美医院”。1951年，又改租给天津市公共卫生局使用，由中国红十字会天津分会接管。1953年，该院全部财产由市财政局公产清理处代管，后与山东医院合并，建成天津市红十字会医院，院址为红十字医院住院部。

1971年，河西医院在琼州道筹建，1974年扩建竣工，1975年正式开诊。琼州道以北的德美医院旧址成为河西医院北院。2012年，在拆除后的河西医院北院原址新建的天津海河英迪格酒店开业。

五 解放南路南段

小刘庄

河西区小刘庄，历史上是天津各国租界与华界在南部的交汇点,是市区与南部郊区的交通枢纽,也是整条解放路的重要节点。

先有大直沽，后有天津卫。河西的小刘庄与河东的大直沽,隔海河相望,并且有着很深的历史渊源。1954 年,市政工人在旧墙子河浦口桥西端(今南京路与浦口道交口)天津市煤建公司小楼墙外的地下,挖出卒于 1520 年的明代天津左卫指挥

海河边的刘庄大街牌坊

黄溥的墓志，内容有“奉柩于静海县大直沽河西祖茔之次”。由此可见，明代大直沽的范围，包括了海河西岸大营门、小刘庄等附近地区。大直沽元代时成为漕运枢纽，小刘庄至晚在明代时形成村落，亦为漕运粮船必经之地，作为水陆码头而日益繁华，与大直沽经济形成十分密切的互补关系。

河西区地域的发展繁荣，以海河畔的重镇小刘庄为起始，向西影响到下瓦房、谦德庄等地，向南带动了土城、尖山等地。因此，有天津文史专家提出了“河西原点小刘庄”的观点。

1918 年，华北最大的纺织厂裕元纱厂在小刘庄开业，刘庄大街迅速形成商店、饭馆密集的区域性商业中心，促进了海河西岸租界以南地区向近代城市转型。

历史上，大直沽与小刘庄之间的渡口，是河东、河西两区跨海河联系最繁忙的渡口。明代万历十六年(1588)，天津兵备道查志隆命天津三卫经历司造渡船，设渡口七处，其中就有大直沽与小刘庄之间的渡口。随着两岸经济的发展，渡船也不断增加。1953 年，刘庄渡口的坡跳设备得到维修和加宽。1955 年，刘庄渡口收归国营。1959 年，在刘庄渡口原址建成开启式木结构浮桥，是河东、河西两区之间第一座跨海河桥梁。1976 年，刘庄浮桥改建为开启式钢丝网水泥船浮桥。1992 年，刘庄桥改建成天津市区第一座独塔斜拉桥，成为大直沽与小刘庄交通的标志性建筑。

1923 年至 60 年代，小刘庄最长、最繁华的刘庄大街东口矗立着一座牌坊，上面镌刻着“刘庄大街”四个大字。牌坊面临海河，正对着河东大直沽天妃宫方向，而书写牌坊的人又是家居大直沽的著名书法家李学曾，因此人们将这座牌坊视为大直沽与小刘庄两地人民友谊的象征。

“小刘庄大街的牌坊，面临着海河的摆渡口。过渡的主要是工人，每到上班下班，小船就忙起来……宽大的海河两岸，一直排下去全是工厂……两岸工厂紧张的机器声，掩盖着波浪细碎的声响……小刘庄是工人集中的住区，和市中心的风格比较起来，它只是一部长篇故事的小小的插曲，但是一个非常含蕴热烈充实的插曲，无限的前途要在它身上展开的……”这是著名作家孙犁笔下的小刘庄。《小刘庄》写于1950年7月9日，发表在当月24日《天津日报》副刊上，收在1962年他在百花文艺出版社出版的《津门小集》中。

1949年，随着解放大军进城、在《天津日报》工作的孙犁，在努力地改变着自己，适应着新的环境。他强调“作品的生活性和真实性”，认为“现实”就是“不脱离群众并能引导群众向上”。在《小刘庄》一文中，孙犁写出了“现实”：“黄昏，工人从纺织工厂、硫化厂、骨胶厂下工回来……研究讨论着合理化建议的事项……无论是街上，小小的庭院里，明静的窗台下面，都

龙海公寓现为小刘庄的重要居民区

小刘庄公交站

因为工人们放工回来热闹起来了。工人们给家属和邻居讲说着学习到的新鲜道理和工厂里的新鲜事情……”文章末尾，孙犁没有忘记“引导群众向上”：“小刘庄应该有一家通俗书店，应该有一个完备的文化馆。工厂的文化娱乐，应该更密切地和工人家属教育结合起来……”

1959 年 6 月，解放南路延长工程完工，开始通车。小刘庄作为解放南路延长线的起点，其地理地位的重要性更加突出，成为市区与南部郊区的交通枢纽。同年建成小刘庄公共汽车总站，简称刘庄汽车站，位于解放南路与琼州道交口西南侧，占地 2166 平方米，建筑面积 235 平方米。从环城和滨海的津南、大港乘车到刘庄汽车站，可与无轨电车近距离换乘，直接到达天津市中心。刘庄汽车站设有早点部，俗称“馄饨铺”，一般经营至午后，此外还设有食品店等，成为解放路上一处热闹的所在。

随着 20 世纪末对危陋平房的大规模改造，孙犁笔下小刘庄那些“窄小的胡同，老朽的砖房，和低矮的灰土小屋”也已经变成龙海公寓、富裕广场等高楼大厦。如今，只有摆渡口改成的刘庄桥，以及后来出现的解放南路上的小刘庄公交站，依然保留着这个地名。

河西医院

河西医院坐落于解放南路与琼州道交口西侧，是河西区一家二级综合性医院,原址为天津红十字会医院住院部,后改为韶山医院住院部。1970年韶山医院迁出,1971年河西医院筹建,1974年扩建竣工,1975年正式开诊。

河西医院原分南、北院区,以琼州道为线,北区为原德美医院旧址(现为天津海河英迪格酒店),后成为河西医院办公楼、血液病研究室和图书馆。

曾设在南院中的东正教堂

南区的西北角,曾有一座从河东原俄租界俄国花园复制而来、建于1941年的东正教圣母堂。这座教堂1976年地震时严重受损，后来被拆除，改建为河西医院的圆形会议厅。

南区的新建筑，集功能性与美观性于一身，广受业内赞誉，曾入选《中国医院建筑选编》。主楼为五层的住院部，东侧有门诊楼等。总体布局合理，分区明确。院内绿植繁盛，环境优美，病房区设有庭院并利用建筑物之间的连廊作为屋顶花园，成为一大特色，曾获天津市人民政府“绿化先进单位”奖励。

《中国医院建筑选编》中的河西医院景色

医院的医疗科研能力长期位于河西区前列，1977年成立血液病研究室，血液内科成为该院的特色科室，有多名国内知名的血液病专家主持临床和科研工作，治疗经验丰富。1986年成立国内首家疮疡研究所——天津市中西医结合疮疡研究所。1989年，在该院设立制剂、检验、康复三个中心，成为河西区医疗和科研中心。1994年，获卫生部、联合国儿童基金会、世界卫生组织颁发的“爱婴医院”称号。1996年，获卫生部颁发的二级甲等医院称号。

2010年12月，河西医院进行资源调整，医院整体停诊。

2016年,区委、区政府投资对门诊楼、急诊楼、住院部进行装修改造,购置先进仪器设备。2017年为推进“健康河西”建设,医院成立健康体检中心,打造集体检、诊断、就医等为一体的健康管理服务模式,并以此带动完善科室建设。医院现开设内科、外科、妇科、儿科等24个门诊科室。

医院积极响应国家分级诊疗和医联体建设号召,2018年12月,与天津市胸科医院签署了医联体协议。2019年3月,天津市胸科医院心血管病河西医院诊区正式揭牌开诊。借助三级医院的医疗技术资源优势,实现科室建设的纵深发展,努力在心脑血管疾病治疗、胸痛治疗等方面进行重点学科建设。按照三年帮扶计划,市胸科医院作为医联体牵头单位,前期承担了大量的管理、培训、代教、科室建设、业务指导等工作,不仅为河西医院发展建设注入了技术和人员支撑,还在设备、管理、信息等方面与河西医院实现共享。市胸科医院心血管病河西医院诊区的开诊,标志着河西医院的发展进入了新的阶段。双方将在学科建设、人才培养、信息共享、三医联动(医疗、医保、医药)等方面进行共建合作,为患者提供更优质的医疗卫生服务。

棉纺二厂

在解放南路东侧的小刘庄地区，原有著名的天津市棉纺二厂。它曾是天津市内最大的工业企业,也是华北地区最大的纺织企业。

棉纺二厂,最早的名称叫“裕元纱厂”。第一次世界大战期间,北洋军政、财经要人倪嗣冲、王郅隆、段祺瑞、朱启钤、曹汝霖、王揖唐、徐树铮、段芝贵、吴鼎昌、段永彬、王克敏、陆宗舆、周作民等,抓住发展纺织业的黄金季节,在海河西岸小刘庄共同创办了裕元纱厂。该厂占地 260 亩，初期拥有纱锭 25000 枚、织布机 500 台。全套纺机、织机均由美国慎昌洋行进口。其中发电厂的机电设备均为美国奇异公司产品,是天津首家自行发电的大企业。经过三年建设,裕元纱厂于 1918 年 4 月 17 日开业,很快成为华北最大的纺织厂。

裕元纱厂时期车间

1936年，日商钟渊纺织株式会社以赊账形式夺取了裕元纱厂控制权，并更名为“公大六厂”。日本投降后，国民党政府接收公大六厂，改名为“中国纺织建设公司天津第二纺织厂”。1949年1月15日天津解放，1月17日市长黄敬即到中纺二厂，向全体职工作了《立即恢复生产，支援大军南下，解放全中国》的动员报告。1950年，中纺二厂改为“国营天津市第二纺织厂”，后又改为“天津市第二棉纺织厂”。全厂职工人数曾达万余人，是天津纺织规模最大、生产能力最强的大型企业。

棉纺二厂产品标签

1959年，解放南路延长线开通，棉纺二厂主门由海河边改开在解放南路上，俗称“新大门”，使该厂与市内各处联系更加便利，大多数职工上下班也更加方便。

从裕元纱厂到棉纺二厂，这家大企业不仅拥有自己的发电厂，余电供应给附近居民区，而且曾经拥有自己的子弟小学和幼儿园，校园区域比一般的小学和幼儿园还要大。厂内的棉二礼堂，规模超过一般的影剧院；厂外的棉二宿舍，包括东舍宅、西舍宅、棉二大院、西南楼新村二段和五段等，都是专设居委会的规模。在天津市区，尤其是在河西区，没有任何其他企业能有棉纺二厂这样的实力和影响力。

2005年，天津纺织企业进行重组，该厂与其他纺织企业合并并迁移。棉纺二厂原址现已被拆除，取而代之的是盈海园、海河西岸公馆、海河大观等居民区及商贸设施。

津河广场

在解放南路和湘江道的交口的西侧有一座小公园，名叫墙子河改造工程纪念广场。广场以西原是废墙子河，旧称贺家口引河，是津河的主要部分。广场伴随墙子河改造工程竣工，于2000年建成，现是津河风景线的起点。在广场的中心，立有《墙子河改造工程碑记》云：

天津全市人民瞩目的墙子河改造工程，于二〇〇〇年三月十日开工建设，九月十日全线胜利竣工。短短六个月，旧貌变新颜。昔日污水臭河，如今碧波荡漾，两岸绿草

碑记记述着这项重大的城市民生工程

如茵，美景如画，成为津门一道靓丽的风景线。这是天津人民贯彻“乘势而上，开拓创新，全面上水平”工作基调的一项重要成果，是献给中华人民共和国建国五十一周年的一份厚礼。

上溯一百四十一年（清咸丰九年），公元一八五九年清朝政府挖壕筑墙而成墙子河。历史上的废墙子河、西墙子河、南运河兼有航运和灌溉的功能，然而随着时代的变迁逐渐变为排泄城市雨水和污水的河道。新中国成立后，党和人民政府多次进行疏浚整治，但长年积累的河道污染和环境脏乱问题日趋严重，群众迫切要求进行彻底根治。

一九九九年底，中共天津市委、天津市人民政府根据人民群众的呼声和愿望，决定实施墙子河改造工程。整个工程包括：改造废墙子河、复康河、红旗河、西墙子河、南运河等五条废旧河道，总长十八点五公里。工程包括：治理河道，清除淤泥，砌筑河坡，新建和加固桥梁，整修和绿化沿河道路；建设引河设施，在三岔河口修建提水泵站，将海河水引入南运河，经改造后的墙子河再排回海河，形成流动的活水，贯通墙子河。

在墙子河改造工程中，广大建设者付出了极大的努力，沿河途经的和平区、河西区、南开区、红桥区承担了工程的重要任务，驻津人民解放军、武警部队和全市四百二十一个单位、十多万人参加了工程义务劳动，为墙子河改造工程做出了历史性的贡献。

为铭记墙子河改造工程，中共天津市委书记张立昌欣然题词：“津河”。

二〇〇〇年九月十日立

墙子河改造工程涉及5条河道，全长18.5千米，河道清淤60万立方米，河坡砌石15万立方米，两岸绿化30多万平方米。此外还要拆除沿岸房屋1313万平方米，切改跨河管线125条，改造泵站和闸门60多座，拆除桥梁7座，整修重建桥梁44座，如此大的工程量，是在半年的时间内完成的。

昔日“龙须沟”，今日绿树芳草、碧水长流，宛如一条玉带飘落津门。改造后的津河，改善了城市景观，提高了河道的排蓄功能，同时体现了天津人民共建美好家园的信心和顽强拼搏、不服输、不怕苦的干劲儿。

广场已成为河西区法治文化主题公园

挂甲寺

在解放南路与新围堤道交口以西不远处，坐落着津门名刹挂甲禅寺。挂甲寺附近街区，泛称挂甲寺地区；挂甲寺所在街道办事处，亦以挂甲寺命名。解放南路便贯穿了挂甲寺地区和挂甲寺街道。

挂甲寺是津门最古老的佛教寺庙，相传建于隋末唐初，已有一千四百年左右的历史。据《天津县新志》记载："大直沽迤南三里许，有古刹曰庆国寺，其由来远矣，图经无考，得于父老相闻云：当大唐征辽奏捷驻师此庙，因更名焉。"唐朝征辽一事发生在贞观十九年(645)，确曾经过此处，在今造甲城、芦台等地安营扎寨，也在庆国寺停留过。清代张焘的《津门杂记》也有同样记载："挂甲寺，在城东南十二里，古名庆国寺，相传唐尉迟公凯兵过此，挂甲于寺。"上述两条信息，都标示来自"父老相闻"，属于口碑史料，也还是可信的。

庆国寺的坐落地原称大孙庄，清初随着寺名的变化，大孙庄也改称为挂甲寺村。挂甲寺原来坐落在海河东岸一弯道处，1902 年进行海河裁弯取直工程，挂甲寺就改在海河西岸了。

挂甲寺年久失修，逐渐倾废，未能完整地保护下来。1994

挂甲寺曾经使用的票券

年河西区人民政府多方集资，重建挂甲寺，历时三年，于 1997 年 7 月建成。重建后的挂甲寺规模壮观，有大雄宝殿、天王殿，圆通殿、地藏殿及千佛塔等。特别是在寺内矗立两通碑石：一曰《津门挂甲寺沿革碑记》，一曰《重建挂甲寺碑记》，皆系著名历史学家、南开大学教授来新夏先生所撰，文笔精湛，将挂甲寺的历史及重建经过记述甚详。

正如著名天津文史专家杨大辛先生所说：“重建的挂甲寺虽非原貌，但毕竟是古代寺庙景观的再现，具有厚重的历史文化内涵，足以唤起乡人的无限遐思。”

天津医院

天津医院坐落于解放南路与新围堤道交口的西南侧，解放南路立交桥下。天津医院是以骨科、创伤急救、血管外科、老年医学、康复医学等学科为特色，集医疗、教学、科研、康复、预防保健为一体，学科齐全的现代化三级甲等综合性医院和区域医疗中心。医院现有两处院址，解放南路406号为河西院区，另在原天和医院地址设有和平院区。河西院区开设住院部、门诊、急诊等科，和平院区保留内科、外科、骨科、内分泌

多幢现代化的高层大楼，有效提高了接诊能力

科、中医科、老干部科、心内科等门诊。

天津医院建于20世纪60年代，是在人民医院骨科基础上发展起来的，其前身可追溯至民国时期由方先之创立的天津骨科医院。方先之是我国著名骨科专家，后在天津医院主持骨科工作，首创骨关节结核病灶清除疗法和中西医结合治疗法。1953年，中央人民政府卫生部委托方先之教授在天津建立第一个骨科培养基地，创办了骨科高级医师进修班，为全国培养了数以千计的骨科专业人才。

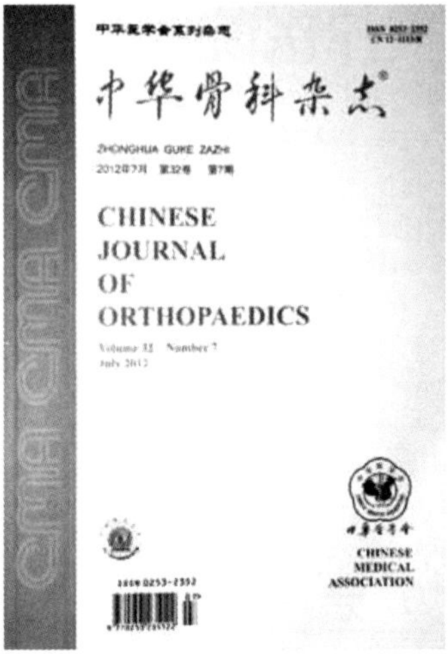

《中华骨科杂志》创办于1981年，其前身为方先之主编的《骨科进修班通讯》

天津医院成立时初名“海河医院”，后曾更名为“反帝医院”，20世纪70年代被命名为“天津医院”，是我国北方最著名的骨外伤科医院，也是当时亚洲最大的骨科医院。1999年增名“天津骨科医院”。2014年，天津市卫生资源调整，天和医院与天津医院两院合并后组建成新的天津医院。

新院一期建筑面积14万平方米，二期建筑面积2万平方米，是本市医疗卫生资源调整中单体建筑规模最大的一个项目。医院普通科住院楼23层，急救住院楼12层，40多个护理单元，床位16000张。地上、地下车位共700余个。同时，还有配备了最先进的10台医用DR设备。为了给眼睛、关节等手术提供无菌环境，新增24间层流净化手术间。此外充分考虑了医疗流程和医疗功能的紧密结合，以主手术区和创伤急救中心手术室为核心，ICU、血库、病理、消毒供应中心、检验中心均为同层和邻层设计。主手术区有24间不同功能的手术室，其规模在本市单体建筑中最大，可承担各专业手术的实施。新院实行集中式门诊设计，二次候诊管理模式与16米宽的医疗主街相结合，可承担5000人次以上的日门诊量。

2017年，天津医院挂牌天津大学天津医院。2018年，天津大学医教联合体成立。天津大学医教联合体由天津大学、天津医科大学、天津中医药大学三所院校与天津市第一中心医院、天津大学天津医院、天津市海河医院、天津市儿童医院、天津市环湖医院、天津市胸科医院、天津市中西医结合医院七家医院联合组成。天津医院将依托天津大学工科的雄厚基础，推动临床医学、智能医学、精准医学的快速发展，培养更多医学人才。

科艺里

科艺里是河西区挂甲寺街道一个著名的居民小区。它位于解放南路西侧，北邻天津医院河西院区，南邻登发装饰城(原址为天津市冶金实验厂轧钢车间)。1982 年市科委、市文化局联合建设,故名。小区占地 8623 平方米,共有四至六层住宅 13 幢。

科艺里集中居住着一大批享誉全国的老艺术家，如马三立、常宝霆、厉慧良、张世麟、丁至云、王则昭、赵松樵、赵慧秋、

老艺术家云集科艺里

李荣威、张志云、李近秋、王裕民、沙惟、小花玉兰、筱玉芳、羊兰芬、白云峰、李润杰、史文秀、小岚云等。他们在京剧、评剧、话剧、曲艺等表演艺术领域卓有成就。

汇聚众多老艺术家的天津市表演艺术咨询委员会于1987年成立时,半数以上的委员居住在科艺里。当时那里没有暖气设备,而委员中最高龄者已90岁,年老体弱,生活极为不便。在丁至云、王则昭、莲小君及其爱人隋工程师的帮助下,表演艺术咨询委员会与附近的温泉宾馆联系,将该宾馆的地热供热系统引入科艺里住宅区,解决了那里的冬季取暖问题。

居住在科艺里的老艺术家们发挥各自的优势,积极参与社区文化活动。1990年8月,河西区挂甲寺街举办"迎亚运消夏纳凉文艺晚会",居住在科艺里的马三立、赵松樵、小花玉兰等著名演员为八百多名街坊邻里演出了各自的拿手好戏。1997年8月,河西区挂甲寺街、区有线电视台举办消夏晚会,科艺里居民、著名评剧表演艺术家小花玉兰和著名京剧表演艺术家王则昭、京剧老演员袁文君分别演唱的评剧《凤还巢》《牛郎织女》《拜月记》选段和京剧《智取威虎山》《战太平》《红灯记》等选段,韵味醇厚,委婉动听,令两千余名观众大饱耳福。

老艺术家们还积极参与科艺里社区建设。相声大师马三立曾经戴着红袖箍,协助民警和居委会巡查小区治安情况。2001年,科艺里小区在居民中兴起创建特色楼的社区文化活动,一栋栋以科普、文史、育才、文化、治安等为特色的楼栋成为小区居民的文化活动阵地,谱写了小区文化的新篇章。小区还设立了展示特色楼栋成果的百米文化长廊,产生了较大的社会影响。

尖山“八大里”

解放南路从河西区南部的尖山街道穿过，路的西侧坐落着一大片楼房建筑风格统一的居民区，即著名的尖山“八大里”。

尖山街以界内尖山村而得名。尖山村又名尖山庄，见于明代，到清代道光年间已经形成近五百人的村落。1949年建立尖山人民街公所。1953年建立南楼、土城街公所，1954年更名街道办事处。1960年改称土城人民公社，同年并入陈塘庄人民公社。1963年将原土城街道办事处从陈塘庄街道办事处划出，设立尖山街道办事处。

尖山“八大里”是新中国成立初期天津建设的规模最大的多层住宅居民区。“八大里”位于尖山街道北部，东临解放南路，西临尖山路，北临大沽南路，南临黑牛城道。所谓“八大里”，一般指红星里、红升里、红霞里、红山里、曙光里、红光里、金星里、光明里。也有当地居民认为，红山里的位置应是红专里。后来的红山里，在早期是尖山村。真正的“八大里”之一的红专里，即是现在天津光电通信集团公司所在地。

1954年冬天，尖山“八大里”宿舍楼开始设计施工（当然，

尖山“八大里”曾是很舒适的居住区

那时还没有“八大里”这个统称)。按照图纸设计,宿舍楼中的每个单元由二到五个房间组成;但由于当时的条件不允许,实际上本来为一个家庭设计的单元分成了很多家,成为“伙单”,几家人住在一个单元里,共用厨房和厕所。不过,“八大里”的低层宿舍楼在当时天津新建的住宅区中仍是条件最好的。不仅楼间距较大,绿化较好,配套设施也很齐备,公园、副食店、食品店、早点部、百货店、理发店、新华书店等一应俱全。附近还有尖山礼堂、南楼百货商场、河西百货商场等商业娱乐场所。

改革开放后形成的曙光里小商品市场,曾是市民淘宝的乐园。市场里的真货较多,而价格又便宜,在天津的知名度非常高。

2012年,作为天津加快推进旧城区改造的一项重要内容,河西区尖山“八大里”开始拆迁。

土城工业区

河西区南部，曾是20世纪后半期天津市最重要的工业区之一。解放南路穿过的尖山街道东侧，坐落着土城工业区。土城工业区与其东面相连接的陈塘庄工业区，合称陈塘庄—土城工业区。

中华人民共和国成立后，天津市政府于大力促进恢复工业生产的同时，即提出在河西区南部陈塘庄铁路以南地区及土城一带建设新兴工业区的设想，并于1953年开始实施。随着社会主义改造的逐步开展，市区大批私营小厂被改造合并，其中许多厂家陆续迁入陈塘庄—土城工业区。到1957年，陈塘庄—土城工业区已初具规模。1958年以后，天津工业迅速发展，该工业区除继续迁入一些老厂外，并新建一批大厂，形成以大中型企业为主、门类较为齐全、仓储交通便利的综合性工业区。据1987年统计，全区共有市部属工业企业266家，陈塘庄—土城工业区就占了152家，且都是大中型厂。

土城工业区曾经坐落的知名企业，有电机总厂、广播器材公司、保温容器公司、奥的斯电梯公司等。著名企业如天津市电机总厂，占地面积14万平方米，建筑面积10万平方米。

土城工业区生产的天津奥的斯电梯，广销全国

1993年有职工3300人。隶属市机械局，国有制企业。该厂前身为1950年7月建于和平区建设路的新安电机厂。1957年迁入现址。1966年改名“卫东电机厂”。1988年4月，天津市第二变压器厂、天津水泵厂、天津电机技校并入，定名为天津市电机总厂。该厂是机械部指定的潜油电泵和潜水电机生产主导厂，也是国内潜油电泵的最大企业。主要生产潜油电泵、潜水电机、中小型交流异步电机、吊车电机、发电机及特殊电机等，共829个规格。潜油电泵机组曾获部优产品金质奖。潜水电机系列产品获第一届北京国际博览会金牌奖。在第二届北京国际博览会上，潜油电泵机组又获金牌奖，高压潜水电机获新产品二等奖。1994年5月，该厂大部与美国斯波泰克公司合资，成立天津斯波泰克潜没电泵有限公司。余下部分除保留天津市电机总厂外，另成立中美合作的天津斯波泰克电机有限公司。

奥的斯电梯公司

在土城工业区解放南路与澧水道交口的东北侧，有一座鹤立鸡群般的细高形建筑，它就是天津奥的斯电梯有限公司的电梯试验塔。电梯试验塔是模拟电梯实际运行状况和检测电梯和配件各项性能的重要设施，也是电梯厂家具备自主研发能力的体现和标志性建筑。这座塔建于1982年，高114.7米，5条试验井道，替代了厂内原来50余米高的老塔，成为我国最早建立的超过百米的电梯试验塔。

天津奥的斯的前身可追溯至民国时期业已成立的从庆生工厂。从庆生原址坐落于解放北路，主要制造柴油机、发电机等工业品，兼营电梯维修和保养业务。中华人民共和国成立后，中央决定由该厂在天安门城楼安装电梯，用以替代原来的土电梯。这是我国自主设计制造的第一台电梯，天津也成为国产电梯的发源地。后几经合并、更名，天津电梯厂成立。1957年，首台自动电梯安装在地质部。1958年，首台大提升高度电梯安装在新疆伊犁河水电站。1963年，首台直流快速电梯安装在民航总局。1976年首台直流无齿轮高速电梯安装在广州白云宾馆。1977年，为毛主席纪念堂制造电梯。1979年，首台集

利顺德饭店内仍能使用的中国最古老电梯，即是奥的斯牌

选控制的交流调速电梯，安装在天津津东饭店。

天津电梯厂后与多座协作工厂共同组成天津电梯公司。1984年，由天津电梯公司、美国奥的斯电梯公司和中国国际信托投资公司合资组建的天津奥的斯电梯有限公司成立，该公司成为当时天津最大的中外合资企业。公司成立后，有利于天津当时电梯行业的老企业改造，带动与电梯制造有关企业的技术改造。在开发新产品的同时，提高生产能力和建立科学的管理体系提供技术合作，使各项产品种类和产量不断增加。

1853年在纽约成立的美国奥的斯电梯公司，是全球历史最长、市场占有率最高的电梯企业之一，总部位于康涅狄格州法明顿，为美国联合技术公司旗下企业。该公司主业为电梯、自动扶梯和自动人行道的研发制造和服务提供。据资料显示，早在1908年，美国贸易公司成为奥的斯(旧称俄提斯)在上海和天津的代理商，1921年大英烟公司天津工厂的厂房安装了6台奥的斯货梯。1924年，利顺德大饭店安装了奥的斯客梯，这部电梯是我国现存仍可正常使用的最古老的电梯。

天津奥的斯成立后，产品遍及天津及全国重要公共设施和高层建筑。1993 年，天津日报大厦决定采用 6 台奥的斯 E411 型无齿轮高速电梯。1994 年,奥的斯中标北京西客站工程 15 部电、扶梯。2004 年,奥的斯为天津地铁一号线工程提供 54 台 GEN2 无机房客梯和 56 台 MPE 自动扶梯。

近年备受瞩目的天津 117 大厦是世界结构第二高楼、中国在建结构第一高楼。奥的斯成为大厦电扶梯的供应商,为其提供 255 部电扶梯,包括业内领先的 SkyriseTM 高速梯和高效节能的 GeN2R 电梯。大厦将采用 50 部奥的斯最先进的双层轿厢电梯，并因此成为世界上安装双层轿厢电梯最多的地标项目。

环渤海装饰城汽车城

20 世纪 90 年代开始，伴随改革开放不断深入，以商品房为代表的房地产业快速崛起，带动了建材市场和家装市场的需求。在一段时间内，家庭装修装饰存在标准不一、质量纠纷等问题，市场被无执照、无资质、无地址、无资金保证的街头“游击队”占领。在此背景下，根据建设部在全国 19 个城市开展家庭居室装修装饰有形市场管理试点工作的意见，专业经营建材和家装产品和服务的企业应运而生。

这片广阔的区域，拥有相当丰富的家装和汽车生态企业

周边形成了家装市场集群

环渤海家居中心，原称环渤海建材中心，坐落于解放南路与梅江道交口东侧。环渤海最早可追溯至成立于1995年的环渤海装饰材料超级市场。1997年,由中国建材总公司、天津市建委、市建材集团总公司联合组建环渤海建材综合交易市场投入运营。1998年,市环境装饰协会和环渤海联合举办的家庭居室装饰市场成立。该市场在全市范围内率先建立起家庭装饰价格管理体系和装修质量管理监督体系，同时对承接的装修工程坚持互查、联查及工程完工验收检查,全方位地进行质量监督管理。市场建起了1200平方米的展厅,将各种新工艺、新材料汇集起来,按照各种风格及装修流行趋势设计了样板间,供消费者借鉴和选择。

环渤海建材中心包括环渤海家居装饰大厦、环渤海五金材料大厦、环渤海建材陶瓷大厦,经营木材、石材、陶瓷、灯具、五金、地板玻璃和装饰辅料在内的万余种商品,是天津规模最大、品类最全的集展示、交易、仓储、加工、配送于一体的大型建材交易市场,并且拥有北方规模最大的建材互联网平台。

在环渤海家居中心的带动下,在其所在地块,已成为天津家装市场的重要聚集区并不断扩大。居然之家、珠江装饰城和电器五金商城，以及同在解放南路相距不远的多家大型装修建材卖场,如与大沽南路交口的登发装饰家具基地、与黑牛城道交口的红星美凯龙国际家居市场，它们使“环渤海”区域成为建材家装行业一站式采购中心，并在天津始终占有较大市场份额。

除经营建材和家装产品外，环渤海集团还提供配套机电五金及施工机械，同时拓展了汽车销售、维修和保养等业务。环渤海汽车城坐落于环渤海建材中心以南，绥江道—江水道区间内的解放南路以东区域，于2006年投资兴建。汽车城包括汽车用品市场、汽车配件市场、汽车轮胎市场、汽车改装美容中心、汽车维修中心、新旧车交易市场及车友俱乐部，占地400亩，经营面积达到20万平方米，是天津最大的汽车零配件批发基地和汽车后服务型市场。2006年，曾被中国汽车流通协会确定为“中国汽车美容装饰品诚信示范基地”和“中国汽车配件交易集散中心”。

梅江生态智能居住区

住宅一直是民生的重要组成部分。进入 21 世纪,全国范围内各大城市对住宅的关注点已从数量和质量等方面，逐渐提升到对设计理念、建设方式、舒适健康、环保节能、配套设施的考量。以梅江为代表的新型生态居住区,追求人与自然、建筑的三者和谐统一,注重人文化、生态化,成为行业标杆,提升了新时期天津城市住宅水平。

梅江引领了未来城市居住发展方向

梅江居住区是华苑之后又一产业化住宅集合体，由市政府统一组织建设。坐落于河西区南部,环境优美,面积广大,东西两侧分别为解放南路和卫津南路，北至郁江道，南至外环线。从梅江开发之日起,市政配套设施逐步完善,城市政治经济文化重心向南倾斜的态势不断形成，区域内多条主干道贯穿,这些因素都带动了梅江的开发热度和升值潜力。

21 世纪初,梅江一期开发,兴建了玉水园、芳水园等项目。通过多年的建设扩展,整体区域现由梅江居住区、梅江南居住区、海逸长洲、卫南洼风景区、第六田园和万科水晶城六大板块组成。该区域以“生态”作为最大亮点,在规划标准时,即已确定绿化率不低于 35%，有水面的小区湖景绿化率达到 40%以上。广阔的水域面积,满足了人们喜爱傍水而居的情结。与南方相比,北方城市中心大都缺少山水环境。风景优美、交通便利的居住区域,无疑是衡量住宅档次最核心的价值标准。

在绿化、水电气、娱乐休闲配套型小区的基础上,梅江着力打造更高层次的社区人文氛围、水环境和园林环境相融合的新型居住方式。在追求个性化、定制化的今天,人们对住宅的理解，已经从户内延伸到小区的整体建构。小区的布局形态,也从建筑、道路、树木花草的简单搭配转变为生态平衡、节能环保的园林式环境。建设规划上,在穿过梅江生态居住区的友谊南路两侧,各建设数十米宽的立体绿化隔离带,达到减轻噪音污染的目的;生活垃圾实现无害化处理;运用科技手段,确保小区内水面水质清洁,以达到调解居住区小气候的目的;自来水、直接饮用水、中水三水入户;引进先进的供热设备,采用热电厂余热供暖,最大限度减轻空气污染;小区建筑墙体、屋面、门窗达到二步节能标准;居住区设计实现人车分流、动静分区，一方面为了降低噪声，另一方面为了减少人与尘土、汽车尾气的直接接触。

梅江的成功，得益于区位、环境、交通、理念、服务等多种因素，同时带动了新时期天津房地产的发展，并为城市规划建设提供了一种有益参考，是天津城市发展的方向。

六 解放路大事年表

（1949—2019）

《解放路大事年表(1949—2019)》依据 1949 年至 2019 年《天津日报》刊发的关于解放路、解放北路、解放南路的重要文字和图片新闻编撰,尽量保持原文,仅作适当删减。

1949 年

1 月 26 日　本市人民政府于 25 日发出通告,更改市内少数道路桥梁名称:一、中正路改为解放北路;二、威尔逊路改为解放南路;三、林森北路改为新华北路;四、林森南路改为新华南路;五、杜鲁门路改为建设路;六、中正桥改为解放桥;七、中正公园改为解放公园。

12 月 20 日　苏联影片输出公司驻华办事处,兹租妥本市第六区解放南路前光华影院原址,改名为“天津莫斯科电影院”。该院已饰一新,决定于明天(21)——斯大林大元帅七十寿辰正式开幕,献映“苏联 1949 年五一大检阅”。并订于本月 23 日——苏联电影节,亦即苏联影片 30 周年纪念日,招待本市各界。据该院经理西米奥夫(Semenoff)谈,该院除放映中国或其他国家的进步影片外,主要系介绍苏联的著名影片,并通过影片来介绍苏联建国经验及其他情况。

1950 年

1 月 26 日　本市前德国花园(解放南路公安六分局前)年久失修,破旧不堪,本市人民政府为便利市民业余游憩及整顿市容计,顷决定仍辟为公园,刻正令由工务局查勘计划中。

1958 年

2 月 8 日　为了便利市内交通,本市的无轨电车路线在今年年底将从解放桥延伸到市中心区渤海大楼。到那时,住在河东工业区和中山门外工人新村等地区的乘客到市中心区,就可以免去换车的麻烦了。在无轨电车线延长到市中心区的同时,今年还要增加十辆无轨电车和五辆无轨电车拖车,另外还要增加四十多辆公共汽车, 参加运送乘客。新增加的无轨电车, 都是天津市电车修造厂职工利用我国自己生产的解放牌汽车底盘,按照最新式样自己设计制造的。这些新增加的公共汽车和无轨电车今年陆续参加运送乘客后, 将可大大解决目前乘客拥挤、等车时间长等问题。

同日　津市人民委员会决定打通解放南路, 使这条路穿过小刘庄挂甲寺一带,通到大沽南路,以便与南郊工业区二号路衔接。这段路全长一千七百多公尺,将铺设宽十二公尺的洋灰路面。这项工程计划在3月份先开始下水道埋管工程,全部道路工程将在11月份完成。

1959年

6月17日　本市南部新修的一条干路——延长解放路工程,11日已经全部完工,开始通车。本市南部工厂林立,去年又新建了一些工厂。但是,这里原来只有一条交通干路——大沽路,每天交通拥挤,影响运输效率。因此,市建设局决定延长解放路,从原解放路南端琼州道起,铺筑一条沥青混凝土路,通向尖山工业区的南郊内二号路,全段长1740公尺,宽12公尺。

1960年

7月12日　全市第一个自动化、半自动化的邮电局,在解放北路邮电局诞生。收发信件、包裹等全部用机器。

1964年

8月9日　解放南路延长以后,成为由市内通往南郊的一条干路,附近有不少工厂和职工住宅区。

12月14日　在解放南路围堤道附近又有几幢新建的职工宿舍大楼完工了。这一带过去是一片菜园,房屋建筑寥寥无几。这些年来,出现很多新建筑,工厂林立,宿舍成群。延长以后的解放南路经过这里，交通方便。

1980 年

11 月 23 日　位于河西百货商场对面的解放南路副食综合商场，将于本月 25 日正式对外营业。这家商场是由原红卫兵百货商场改建而成的，营业面积一千多平方米，是河西区目前较大的一家副食综合商场。商场内经营蔬菜、副食、水产、大肉、酱肉、素货、调料、冷食、禽蛋、糖果烟酒、糕点、罐头、土产等十多类商品。

1981 年

12 月 4 日　地处和平区泰安道与解放路交口处的解放北园，在 1976 年地震后，遭受严重的损坏。和平区园林队组织力量进行整修，目前已基本恢复。

1982 年

12 月 31 日　解放南路湘江道至大沽路段拓宽工程最近全部竣工放行。解放南路为我市南北交通干线，交通流量大，原路宽 12 米，交通经常堵塞。拓宽后的解放南路全宽 40 米，其中机动车道 14 米，两侧各有分隔带 1.5 米，非机动车道 7 米和人行道 4.5 米。

1984年

3月22日　本市主要交通干道解放北路，已于近日动工整修。先期开工20个幢号,然后全线整修。解放北路全长1.9公里,沿街建筑物大部分结构完好,风格独特。在这条街上,集中了一批很有保留价值的银行和公寓式大厦，原临街墙面和门窗都佩有铜饰或石雕,装饰精致。但是,这些建筑物在十年动乱期间横遭践踏。这两年虽然经过各单位整修粉刷稍有好转,但由于缺乏统一的设计方案,色调五花八门,街景很不协调,影响了市容观瞻。因此,在文明礼貌月中抓紧整修解放北路是当务之急。这次整修基本上要恢复所有建筑物的本来色彩,同时要拆修残旧围墙,换修雨水管,修补花饰栏杆。解放北路整修将在6月底全部竣工，那时这条具有百年历史的街道将重新焕发青春,为津门增光添彩。

4月29日　昨天，解放北路第一期整顿治理工程提前竣工。20幢风格独具的高大建筑物,经过整修,披上新装,为节日天津增光添彩。4月26日,市长李瑞环、市政府顾问毛昌五等有关部门的负责人,冒雨视察了工地,对工程质量和进度表示满意。解放北路始建于19世纪末期，沿街两侧有87幢建筑物。这些建筑或雄浑严谨,或精巧别致……因此市政府决定进行整修,将这批有价值的建筑物保护好。市房管局高度重视这条路的整修工作，他们调集了公房修建公司、和平区修建公司、和平区营造厂等九个工程队的力量,于3月15日开赴施工现场……修建工人抢时间,争速度,为工程早日竣工,克服重重困难,使工程质量达到较高的标准。目前,解放北路第二期整修工程已陆续开工。

11 月 25 日　昨天,河西区人民政府召开大会,表彰了解放南路整修工程中的先进集体和先进个人，并向六个先进集体和 51 名先进个人,发放了奖金。市人民政府顾问毛昌五到会,对整修质量给予好评。解放南路(徐州道至琼州道)交通拥挤,地震后,马路两侧的建筑物面目全非,为此市政府决定彻底整修。河西区人民政府接受任务后,动员区房管局、街道等系统的干部、职工八百五十多人参加了劳动。从开工到竣工仅用了 23 天,比市政府的要求提前了 19 天,共修平房 195 间,修楼房 76 栋,拆砌围墙一千七百多米,整修围墙四百多米,拓宽道路一万平方米。

1985 年

3 月 24 日　本市国营水产养殖场采取自营和联营形式开辟的两处钓鱼场所,最近开始接待钓鱼爱好者。这两处钓鱼场所,分别设在水上公园西湖和养殖场所在地解放南路南头,共有水面两千多亩。

5 月 22 日　中环线上的重点项目——解放南路立交桥昨天正式开始吊装二十米“T”型梁。解放南路立交桥位于解放南路与小围堤道的交叉口处,东西走向,横跨解放南路。昨晚,解放南路立交桥工地灯火通明，负责此项工程施工的我市市政一公司桥梁工区的广大职工,把二十米长、重二十余吨的 T 型梁安全地安装在高高的桥墩上。

6月7日　中环线上重要交通枢纽——解放南路立交桥主桥，昨天吊装完最后一片大型空心板梁。至此，中环线上的最后一座立交桥已经合龙。解放南路立交桥桥长六百六十余米，宽十九米，是一座大型分离式立交桥。承担施工任务的我市市政一公司桥梁工区发扬拼搏精神，精心施工，在兄弟单位大力支援下，65天就完成了任务。

1986年

4月22日　河西区解放南路、尖山路街道整修工程进度快、质量好，八十多幢旧住宅楼整修后，造型富有个性，色彩和谐雅致，表现了一种明快的节奏感和现代感，令人赏心悦目。昨天，市政府负责同志视察了这两条街道，赞扬这里的整修工作搞得生气勃勃，有新的突破。市政府负责同志指出，河西区街道整修工作搞得比较好，他们在不到一个月的时间里，完成了两条街道的整修任务，开创了今年整修工作的好势头。体现在思路上活跃，构思上求新、求深，质量上严细认真，并坚持了综合治理，清理了违章建筑及阳台、杂物，使整条街景有一个综合的清洁美丽的宏观效果。市政府负责同志要求各区学习河西区整修街道的经验，做到今年整修街道达到更高的水平，为把天津市建成最美丽的城市做贡献。

1987年

5月27日　解放南路琼州道至湘江道段拓宽工程竣工。

8月18日　今年初秋，河西区解放南路两旁种植的230多株梨树已挂满果实。1984年初，这个区园林部门在解放南路河西商场至铁道南地段，种植了梨树苗。经过几年的精心培育，去年便开始结果。但是，由于管理不严，果实尚未成熟就被偷摘一空。今年，园林部门和学生及街道积极分子，轮班看护果树。近期，已抓住六十多个偷梨人，分别对三十多人进行了批评教育，对29人进行了经济处罚。园林部门希望广大群众爱护这片果树。

11月8日　解放路下水管道今起改造，一个月后完工。解放路下水道是1926年修建的，已有61年的历史，地下设施陈旧，经常发生路面塌陷，造成污水跑冒，雨季短时间积水。这项工程东起徐州道西止营口道，全长1420米，支线490米。新换干管管径30厘米，比旧管径增加一倍。

11月22日　解放北路排水管道改造工程全线竣工，昨日恢复交通。这项工程的实施，对改善这一带排水状况产生明显效果。承担施工任务的市排管处、道桥处与和平区城建局的职工，在地处繁华、地下障碍复杂的情况下，坚持文明施工不扰民，认真检验严把质量关，争分夺秒加快施工进度，提前12天完成施工任务。

1988年

3月31日　被列入今年本市改善城市人民生活十项实事

之一的解放南路拓宽工程进展顺利,截至昨天,河西区路段四公里的拆迁工作已基本完成。拓宽后的解放南路路宽40米,由黑牛城道附近的铁路专用线起经梅江路至大任庄附近与外环线相接,成为本市横贯南北交通的要道。

4月16日　本市今年首批建设的四条放射型交通干线之一——解放南路改造工程昨天正式开工。解放南路改造工程全长4.7公里,该路面结构分两个段面,由尖山铁路起至梅江道建成机动车与非机动车分行的“三块板”路面。梅江道至外环线建成“一块板”路面,宽16米。

8月26日　被列为市政府今年改善城市人民生活十件大事之一的解放南路放射线道路改造工程，到今天，沿线两侧4.5公里大管径排水管道全部告竣。

9月1日　昨天,河西区解放南路拓宽工程全部竣工。改造后的三块板结构路面全长达700米,路宽由原来的16米拓宽到40米。

11月7日　天津市油毡厂迁至解放南路南头新址（临近外环线)。

1989年

6月25日　由市政五公司承建的解放南路射线工程今日告竣,工程质量达到设计标准。竣工后的解放南路,路宽为40

米的“三块板”式道路,中间是16米的机动车道,两侧各6米非机动车道和4.5米人行便道由1.5米的分隔带相分离,总建设面积为12800平方米。这项工程是市政府今年改善城市人民生活的十件实事之一，对于加快市内道路总体规划，发挥中、外环线道路功能,缓解市区道路压力,进一步改善投资环境,促进本市经济发展有重大意义。由于此项工程是去年动工的跨转项目,资金、材料紧缺,给工程带来很大困难。承担该项工程的市政五公司在质量、工期、安全和文明施工方面实行指标到人、责任到岗、措施到位,使工程质量全部达标,工期提前五天,取得了较好的经济、社会双效益。

1992年

4月21日　昨天，由市自来水公司供水管网所第四服务站承担的解放南路直径为1200毫米、长200余米的输水管道更换工程,提前4天全部竣工,并开闸放水,正式恢复河西区小海地工业和居民正常供水。这项工程是4月8日开工的。

6月24日　本市解放北路已成为金融一条街,人行、工商行、建行、农行、中行市分行等金融机构林立,天津外汇调剂中心也即将开业。

1993年

1月20日　坐落在解放南路的俄罗斯风格莫斯科餐厅开门纳客。

7月2日　本市首次利用世界银行贷款的城建项目——解放南路雨污水工程、宾馆一带雨水工程全面展开。截至昨日，规划线内1.3万多平方米房屋拆迁已基本完成；破路开槽、敷设管道施工正在7条道路工地上加紧进行。位于陈塘庄工业区的解放南路一带和毗邻市文化教育、体育旅游活动中心的宾馆一带，是市内排水系统的空白区域。为了彻底解决这两个地带的雨、污水排放问题，今年，市政府利用世界银行贷款，经过在国内公开竞争性招标，从5月起正式动工兴建。解放南路和宾馆一带排水工程总面积618公顷，其中，解放南路雨污水工程服务范围为梅江道以北、南围堤河以南、洪泽路以西、贺江路以东的区域内，在珠江道、大任庄路、南围堤河道、珠江道、丽江道等9条主次干道埋设主干管……据了解，这项工程共铺筑雨污水主干管36.6公里，新建雨、污水泵站3座。建成后，解放南路带雨、污水分别排入南围堤河、纪庄子污水处理厂；宾馆一带雨水排入市区二级河道卫津河。

1996年

5月16日　今晨，解放路开封道至南京路段断行，翻修工程开始动工。解放路是本市最早的一条柏油路，始筑于1913年，原名威廉路。近年来，由于埋设各种管线，开槽破路频繁，造成路面高低不平，甚至出现塌陷，影响了过往车辆的正常运行。翻修后的路段基本保持原有的线型和横断面形式。整个翻修工程将于5月31日竣工并恢复通行。

1998年

9月22日　被市政府列为今年市容环境建设一号工程的解放北路综合治理规范样板工程昨天告竣，使这一百年金融老街焕发新姿。放眼望去，解放北路的建筑变新了，路灯变亮了，道路变畅了，景观变美了。这为实现市容环境大变样，实施市区其他道路综合治理树立了样板。解放北路北起解放桥，南至徐州道，全长1.84公里。该路有百年以上历史，是天津最早主干道路之一。道路两侧荟萃了近百幢德、意、法、英、日等各国古典风貌建筑，享有万国建筑博览会之称，也是天津独具特色的金融一条街。但经百年沧桑，沿街建筑损坏严重，道路两侧电杆密如栅栏，且破烂不堪，电杆上过路线缆结成了密密麻麻的“蜘蛛网”，路灯昏暗，加之机动车、非机动车乱停乱放，严重影响了解放北路的市容环境。这项工程自今年4月初开工以来，由市政府市容办牵头协调，全市十几个专业部门共同参与，密切配合，在任务重、难度大的情况下，仅用5个多月就高速优质地全部完成了电缆入地、路灯改造、清理街景立面、建筑物整修、便道改造、灯光夜景建设等12项综合治理任务。据不完全统计，在解放北路综合治理规范样板工程中，共拆除各种架空线缆30余条约32.48公里，拔除废旧电杆、灯杆255根，拆除调整交通岗亭4座，整修建筑楼房62幢64837平方米，新建路灯149盏，铺设地下线缆23.92公里，增设新型果皮箱40个，铺设便道花砖11000平方米等。综合治理后的解放北路成为全市第一条综合整治规范达标的道路，也是全市第一条实现各种电缆全部入地和取消全部电杆的道路。同时新建了与街景相协调的集功能性与观赏性于一体的新型灯具，提高了夜景灯光的档次和品味，使路灯照明亮度实现与国际接轨。这一工程的建设为市区其他道路的综合治理提供了成功的经验,对于进一步加强市容环境建设和管理,美化天津的市容市貌将起到积极的推动作用。

1999 年

4 月 8 日　日前,解放北路沿线设立嵌有本市地图的新路牌,大大方便了路人。

6 月 5 日　公安交警解放南路大队通过与 42 中学、解放南路中学、区武装部、挂甲寺街办事处建立警民、警学、警军共建精神文明关系,开展精神文明共建活动,有效地强化了交警队伍建设,提高了交警素质。日前,交警解放南路大队跨入市交管系统一级单位行列,并被评为河西区共建先进单位。

11 月 1 日　根据国务院对天津要努力建设成为现代化的港口城市和我国北方重要的经济中心的定位，考虑天津的经济发展水平和她在区域经济中扮演的角色，城市总体规划拟定:天津市将建设中心区商务区(CBD)。目前控制性详细规划工作已经编制完成。中心商务区是城市经济发展到一定水平的标志,是经济、金融和贸易活动的核心区域……1994 年、国际发展组织与澳大利亚政府联合在墨尔本召开“城市与新的全球经济”国际会议。会议指出,太平洋西海岸的汉城、东京、横滨、大阪、北京、天津、上海、深圳、广州、曼谷、吉隆坡、新加坡、雅加达、马尼拉、悉尼等国际区域性经济中心城市已形成网络,应当进一步加强经济技术合作。可以看出,重要港口城市天津和中国其他开放城市一样,已经站在了向国际大都市行列迈进的起跑线上。为了适应这种发展形势的需要,本市决定将在市中心区建设中心商务区。据介绍,本市中心商务区选址在城市区位最佳的解放北路、小白楼地区和南站地区,即由六纬路、张自忠路、吉林路、营口道、大沽北路、曲阜道、南京路、浦口道、台儿庄路和十三经路围合的范围,总占地面积 1.8 平方公里。规划目标:具有天津历史和地方特色并满足城市跨世纪商务活动发展需求。规划布局结构:在 CBD 规划范围内,目前已基本形成了以解放北路为重点的金融一条街。在近几年的城市建设当中,小白楼地区在贸易、办公设施的建设上也已初具规模。在未来一段时间内,小白楼地区仍将是办公及贸易设施建设的热点地区。根据未来城市道路交通的建设状况,规划 CBD 形成 4 个互相联系但功能上各有侧重的综合区。小白楼地区,将建成以商业、办公为主的综合区;南站地区,将建成以办公、会展、娱乐为主的综合区;大沽北路中部区,将建成以信息、咨询业为主的综合区;解放北路地区,将建成以金融、办公为主的综合区。规划 CBD 各功能区之间通过城市快速路、广场、步行街、绿地系统等“硬”的或“软”的要素,形成紧密的联系,组成一个完整、高效的系统。

11 月 3 日　本市今年“十路十桥”重点工程之一的解放南路立交桥日前竣工通车。

2001 年

3 月 14 日　秉承世界品质的广州本田系列轿车，自问世以来一直备受国人瞩目。我市一家完全按照广州本田模式建设的特约销售服务店——广州本田汽车中乒特约销售服务店将在本市解放南路开业纳客。该店从营业大厅、维修车间到零部件仓库、新车仓库都是完全按照广州本田汽车公司的规范化模式建设的；所遵循的营销、接待模式更是本田模式的延伸。新车销售、配件、维修、信息反馈四位一体功能是世界先进国家普遍采用的一种先进的、科学的经营模式、超前的销售理念，将使每位销售和维修的客户在这里享受到文明礼貌及规范服务的接待，充分体现了广州本田汽车的价值。天津中乒公司继上海大众天津中乒特约维修服务有限公司之后，在广州本田汽车有限公司的支持和信任下成立的又一品牌和具有四位一体功能的国内知名汽车品牌特约销售服务公司。广州本田汽车中乒特约销售服务店坐落于天津市河西区解放南路油毡厂南侧，该店的开业将会使天津的广州本田汽车用户和即将成为广州本田汽车的用户找到真正的正宗的广州本田汽车直销和专修公司，同时在这里也将享受到广州本田汽车的更优质和更专业的星级服务。

10 月 25 日　经国家邮政局批准，天津邮政博物馆将在本市解放北路 111 号原"大清邮政津局"旧址动工兴建。天津是中国近代邮政的发祥地，是中国第一套邮票"大龙邮票"首发地，"大清邮政津局"曾是海关拨驷达局、大清邮政津局及直隶邮务管理局所在地，历经近代邮政创办、大清邮政、中华邮政三个历史时期，达 31 年(1884—1915)，这座近代邮政标志性建筑，是我国目前硕果仅存的建于清代的邮政局房。该楼于 1997 年 6 月被天津市政府列为市级文物保护单位。在其原址筹建天津邮政博物馆，不仅有利于该楼的进一步保护，开发其潜在的历史价值，而且对于宣传天津邮政乃至中国邮政，提高城市的文化品位，具有十分重要的现实意义和历史意义，为津门又添一处人文旅游景点。

2002 年

11 月 15 日　驶入解放南路，一过环渤海市场，一家家汽车经销专卖店排列马路两边。汽车品牌非常丰富，仿佛进入了汽车贸易市场。客户来到这里，想看什么车、想买什么车都一览无余。在这里，不光汽车种类齐全、服务到位，销售方式也比较灵活，既可一次性付款，也可以按揭贷款购车。在东特汽车贸易有限公司笔者遇到一位客户分期付款购车，听其介绍，从查验手续交附加税到验车上牌，最后拿到车只用了半天时间。工作人员也介绍说，现在的汽车销售已经进入买方市场，价格和服务是竞争的法宝。所以，当了解了客户希望当天交款当天提车的心情后，公司克服一切困难为客户买车打开方便之门。随即工作人员还介绍了贷款购车的手续过程，只需购车人及配偶和担保人的身份证、户口本、收入证明并交付 20%车款，即可办理贷款买车。手续如此的便捷，这是银行与经销商联合的结果。联合为汽车市场注入了活力，使轿车进入百姓家成为现实。

2003 年

2 月 26 日　为了进一步改善海河沿线主干道路的通行能力，由市道桥一所承担的解放南路改造施工工程昨天全面开工。工程采取分段施工方法，先施工的路段是琼州道至中环线、中环线至黑牛城道的东侧。整体工程将于 6 月下旬完工。

11 月 17 日　从今天起至明年 10 月 31 日，解放南路南围堤河立交桥将拆除并新建施工。施工期间，解放南路南围堤河立交桥二层桥面禁止车辆和行人通行，一层桥面禁止机动车通行，机动车由黑牛城道、大沽南路、友谊南路、外环线、珠江道等道路绕行。同时，交管部门拟在解放南路、洞庭路、郁江道、珠江道实行早晚高峰时间限行大型货车。

12 月 9 日　蓬勃兴起的解放南路物流贸易区，以其畅通的陆路、海路及航空运输网络与大型宽带信息系统的结合，使大批现代物流载体纷至沓来，大型卖场相继开业，截至目前，该地区业已建成的大型卖场 16 个，有经营户 1950 户，全年物流贸易额已达 40 亿元，展示了该地区广阔的发展空间。解放南路物流贸易区是以解放南路为中轴，北起黑牛城道，南至外环线，东至太湖路延长线，总面积约 120 公顷。目前该地区云集了建筑面积 19 万平方米的环渤海建材批发中心、建筑面积 18 万平方米的珠江装饰城、建筑面积 6 万平方米的红星美凯龙国际家具中心、建筑面积 5000 平方米的美克天津配送中心等一大批现代物流载体。汇集了建材、装饰、石化、汽车、家居等众多行业门类的国内外知名企业在此区域内经营，初步形成了依托天津、面向“三北”的配送销售网络，现代物流贸易服务功能得到进一步提升。而随着该地区诸如中国汽车销售公司出让的38000平方米和轻纺城家饰总汇、环渤海国际经贸大厦等办公用房招租项目的不断落实，这一地区的物流聚集效应将得到进一步的发挥，区位优势也将进一步凸显。

2004年

2月16日　从河西区政府获悉，解放南路物流经济带建设今起全面启动。这里将进行路网改造，建设一批文化、商贸、商务载体，形成建材、家居、家具、汽车完善物流交易体系。解放南路全长9.8公里。为了提高解放南路载体功能，拓宽改造解放南路，从琼州道至中环线路宽达到40米，从中环线至黑牛城道路宽达到50米，从黑牛城道至外环线路宽达到150米，使解放南路从徐州道直通外环线，成为贯通河西区南北的一条交通主干线。以解放南路、黑牛城道快速线、尖山路、中环线景观路改造，带动尖山“八大里”90公顷土地周边路网的规划改造。通过解放南路物流线的整体建设，拉动东至台儿庄路、西至大沽路、南至潭江道、北至徐州道整个区域的规划建设，形成解放南路物流经济带。解放南路从徐州道至琼州道，整修道路两侧建筑，修旧如旧，使历史风格与现代功能紧密结合，通过环境再造，挖掘其商业价值，以线带面，打造德式风情街，形成德式风貌区。从琼州道至湘江道，在解放南路东侧，建成3万平方米盈海商住楼，北与龙海村、龙海公寓相连，南与新海大厦相连；在解放南路西侧，在现富裕广场农贸市场地块建成2万平方米高档写字楼，完成富裕广场二期建设，与已建成的富裕广场一期相连,完成解放南路该段的整体建设。从湘江道至中环线,在解放南路东侧,建成新的科技少年宫、8万平方米大型高档写字楼、5.8万平方米乔桥大厦、13万平方米商住楼;在解放南路西侧,建成名仕达高档住宅区,完成该段的整体建设。从中环线至珠江道,在解放南路东侧,改造公交二厂,建成大型家具超市,改造木材二厂,建成8万平方米大型高档家具市场,与已建成的环渤海、珠江大型建材、装饰交易市场相连;在解放南路西侧建成6万平方米红星美凯龙大型家居超市,与其南面的登发大型家居、建材市场相呼应,形成家具、家居、建材、物流区,成为全市最高档家具、家装的交易中心。从珠江道至外环线,形成汽车贸易交易区。

2月17日　从河西区政府获悉,德式风情区建设整修工程从昨天开始启动。据了解,建设整修德式风情区是打造海河河西段风情区的内容之一。目前该区已经完成了东至台儿庄路、西至大沽南路、南至徐州道、北至琼州道整个德式风貌区的调查摸底及整修方案的制定工作。目前,风貌建筑区保存较完好的德式风貌建筑总计165处、建筑面积11万平方米,分布于16条道路,主要集中在解放南路两侧和福建路、闽侯路、大沽路、奉化道、温州道、宁波道、琼州道、镇江道等地。袁世凯、黎元洪及张学良等曾居住过,该地区于20世纪初已经形成德式风貌建筑群。整修工程将以"一线、一片"为试点,即以解放南路为线,以福建路、琼州道、台儿庄路、奉化道围合的区域为片,今年完成道路、环境整修工程,打造德式风情街的精品段。同时,通过奉化桥、奉化道、蚌埠桥、蚌埠道"两桥、两路"的规划建设,带动德式风情区的整体开发建设。于2005年至

2007年，完成整个德式风貌区建筑的环境整修工程。对那些历史悠久的典型风貌建筑，将采取保护和逐步恢复的方法，使历史风格与现代功能紧密结合，自然景观与人文景观紧密结合，再现德式风貌区的风采。通过环境再造，挖掘其商业价值。使其成为海河沿岸一个环境优美、具有特色的风貌区。

5月24日　从河西区政府获悉，该区正在加快建设解放南路物流经济带，重点突出“家”和“车”两大主题板块，形成结构合理、设施配套、技术先进、信息发达、运输高效的建材汽车物流体系。据了解，该区精心培育和壮大以环渤海为代表的建材装饰物流贸易区，突出“家”的主题，在现有基础设施上，再建包括环奥物流配送中心、红星美凯龙家具广场二期工程、木材二厂家具广场、国际石材交易中心、美克美家研发中心等近40万平方米的物流载体。并以环渤海建材装饰现代物流为中心，逐步向南辐射，形成以“车”为主题的物流中心，其中包括建成13万平米的国际汽车交易中心，发展以建材物流为主，集汽车、成品油、汽车配件、各类机械专业工具等行业门类的物流载体，形成规划面积120公顷的新的物流区。

12月23日　从河西区了解到，该区加速建设解放南路贸易区，目前企业呈集聚效应，发展势头良好，已形成了“家”和“车”两大主题板块。解放南路物流贸易区北起大沽南路、南至外环线，东起太湖路延长线，西至尖山路延长线，区域面积700多公顷。随着近几年的市场开发建设，以“家”为主题聚集了建筑面积19万平方米的环渤海建材批发中心、21万平方米的珠江装饰城、8万平方米的登发家居装饰基地、1万平方米的美克美家天津配送中心、10万平方米的红星美凯龙国际家居广场、伊力诺依家具展示中心等一批现代企业。贸易区内集中了国内知名企业及美国、荷兰、西班牙、韩国、日本、台湾、香港等国家和地区近千家企业和代理商入驻经营，经营范围涉及建材、装饰、家具、电器等众多行业门类，年销售额达40亿元。以“车”为主题，解放南路上聚集了广州本田、奥迪、大众、天津一汽等3S、4S专业销售及大型汽车配件城等集汽车销售、维修、配件等功能为一体的大型专业车场，年销售额达19亿元。解放南路物流贸易区已具备发展现代物流贸易所必需的大型交易区、加工区和仓储区。据悉，近200万平方米可开发用地，将吸引更多国内外物流和汽车贸易企业入驻，为建材、装饰、汽车贸易物流经济带的发展提供广阔的腹地。

2005年

4月24日　解放南路立交桥南北向试通车。

6月2日　昨日凌晨，随着最后一段细粒式沥青砼铺筑的完成，由道桥处一所承担的解放北路道路整修工程全线完工。此次解放北路整修工程北起解放桥，南至曲阜道。整修道路宽度维持旧路宽度不变，对车行道进行挖补罩面，人行道更换环保侧石和环保混凝土砖，沿线架空线已全部入地。

6月23日　快速路东南半环解放南路立交桥全线通车在即。

2006年

4月6日　从河西区政府获悉,该区以建设宜居城区为目标,全力推进大梅江生态居住区的整体开发建设,使其成为本市乃至全国的一流大型环保生态居住区。目前,该地区四至范围已经确定,配套设施建设比较完善,形成了自然环境、人文环境和生态环境的和谐统一。近年来,随着梅江地区整体规划建设的不断完善,该地区的区位和环境优势日益凸现,逐步向生态化、健康化的宜居小区发展。河西区以建设全国一流的大型环保生态居住区为目标,将原来梅江居住区的规划建设进行了完善、充实和提高。现在的大梅江生态居住区,东起解放南路,西至卫津南路,南起外环线,北至郁江道,总占地面积879.8万平方米,总建筑面积642.79万平方米,由梅江居住区、梅江南居住区、海逸长洲、卫南洼风景区、第六田园、万科水晶城六大板块组成。在河西区政府与各开发企业和施工建设单位共同努力下,大梅江生态居住区的规划建设始终遵循"特色鲜明、功能齐备、质量优良、节能降耗、适度超前"的理念。目前,大梅江生态居住区内配套设施完善,配套公建总面积62.58万平方米,中小学、幼儿园、卫生院合理配置,公交车站、社会停车场、多功能新型影视中心、文化消费市场和商业超市等设施一应俱全,满足了居民的消费需求,形成了疏密有致的园林式格局,达到了人车分流、动静分区的建设标准,实现了自然环境、人文环境和生态环境的和谐统一。

6月21日　从河西区政府获悉,本市最大规模汽车售后服务市场——环渤海汽车城落户河西区解放南路商贸物流经济带。目前,该汽车城一期项目的三万余平方米汽车用品、配件市场已进入试运营阶段,整个工程预计两年左右时间完成,将建成最大的全国地产车配件中心和北方地区汽车用品、配件批发集散地。环渤海汽车城整体规划面积400亩,经营面积20万平方米,总投资额6亿元。

7月17日　7月13日开始的河西区解放南路商贸周活动,吸引了本市及天津周边地区的客商前来购物和洽谈,解放南路商贸城市的家居等大型商贸载体,通过同时举办特色品牌宣传展示、业内论坛以及促销等活动,进一步浓郁了商贸氛围,提升了解放南路商贸物流经济带的整体形象和影响力。

7月20日　横跨解放南路3座造型独特的人行天桥日前完工,既方便了行人过街,也提高了机动车通行速度。

8月4日　为保证解放南路立交桥的承台安全,同时改善市区西部饮水质量,市自来水集团将于今天至14日对立交桥下的供水管道进行切改。为减少对居民用水的影响,施工大部分安排在夜间,停水或降压时间也大部分在夜间。为保证珠江道(友谊路至解放南路)、西青开发区、微电子城、大寺镇、解放南路(黑牛城道—南围堤河)东侧、小海地、梅江、蒙山路两侧、珠江道(友谊路—解放南路)两侧及周边地区居民做好准备,自来水集团在供水热线23149999设置了语音提示。施工中如影响了五、六楼以上居民生活用水,自来水集团将派水车现场供水。

9月1日　由道桥处桥梁管理所承担的解放南路立交桥维修工程全面完工，今日上午10点通车，比原定完工时间提前10天。据了解，解放南路立交桥始建于1985年，全长837.32米，桥宽19米，是中环线上的重要交通枢纽之一。由于通行车流量大，加之此桥自竣工后未进行过大规模的维修，致使桥梁部分梁底混凝土出现大面积碱蚀剥落并形成若干空洞、钢筋裸露、相关附属结构破损等问题。此次维修对此桥的5#、11#跨板梁进行拆除、更换，同时对人行道、栏杆、伸缩缝、支座等附属结构物进行了更换，还对墩台盖梁破损部位进行局部维修。

2007年

2月2日　昨日从市客管办获悉，因解放南路改单行道，公交93路、693路、96路、823路、652路、629路、808路、830路、900路、186路、688路等11条线路调整走向及相应站点，请乘客按照新的走向选择乘车。调整后，上述线路除186路、688路外，从解放南路去解放桥方向改走琼州道、台儿庄路、南京路，对行方向走向不变。同时撤销从琼州道至解放桥方向的“海河中学站”“奉化桥站”，对行方向站点不变，在解放南路去解放桥方向的台儿庄路上增设“海河中学站”。

4月5日　今年，海河综合开发上游基础设施建设将继续实施，围绕海河两岸的大沽北路、解放南路、六纬路的部分路段将陆续实施改造。其中，解放南路启动曲阜道至琼州道路段的拓宽改造后，将由原来的10米至12米宽，拓宽至25米，作为海河西岸三条动脉道路之一的解放南路将全面提升通行能力。解放南路拓宽给小白楼区域房地产市场带来新的机遇。记者在解放南路可以看到,拓宽工程在紧张施工之中,四处可见机器轰鸣,小白楼商厦已经拆迁,由外来投资商投资的大型建筑综合体即将拔地而起。定位于天津高端百货的海信广场即将投入使用,小白楼区域整体商业环境将得到改善。一些目前在售的楼盘也从这次改造中受益。位于解放南路与南京路交口的蓝钻国际项目,作为目前 CBD 区域唯一在售写字楼项目,随着解放南路改造来电来访量显著增多。

6 月 11 日　因解放北路由北向南改为单行，及南京路与解放北路交口施工，从明天开始，公交 93、96、823、688、503、629、652、693、808、830、680 路等 11 条线路调整走向。

2008 年

2 月 29 日　解放南路整修改造通车后,道路通畅。道路两侧的风貌建筑与现代建筑交相辉映。

3 月 3 日　从和平区获悉,作为此次本市迎奥运“三区一带五线”环境综合整治重点道路之一——解放北路综合整治工程日前正式启动。解放北路位于本市核心区域，北始解放桥,南至曲阜道,全长约 1800 米,是一条具有百年历史的金融老街,素有“东方华尔街”之称。该路位于本市中心商务区的核心,两侧集中了金融机构、政府办公、高档酒店等大型公建共计 76 栋，建筑面积近 40 万平方米。按照市规划设计总体要求，解放北路总体定位为金融机构聚集、文物建筑荟萃的历史街。因此此次将对解放北路的功能和业态进行调整，解放北路将不再作为交通主干道，综合整治后将成为集商业、旅游、休闲于一体的景观道路。此次整治工作主要有铺设路面、建筑物立面整修、地下管网更新等三项任务。具体任务是将目前12米宽的机动车道变成8米，加宽辅道，改善步行环境质量；路面全部采用石材铺设，营造如欧洲街道般的古典气氛。本着历史风貌建筑要“修旧如故”、现代建筑改造后外观要与整条街道风格相协调等原则，对沿线65栋楼宇进行整修。同时对建筑物进行粉刷和清洗，规范所有悬挂物。改造更新地下管线十余种；重新设计绿化、照明、夜景灯光等一系列配套设施。为确保在一个月内如期完工，承担此项任务的和平区工程指挥部提出“空间占满、时间不断、平面立面一起干”的工作要求，采取“地面楼宇粉刷和地下管网改造同时开工，24小时昼夜施工，全线所有工程同时启动”的方式进行施工。

3月10日　从市政公路管理局获悉，迎奥运系统工程中的解放北路道路整修、南京路道路整修及外环线绿化改造工程日前动工。解放北路道路整修工程起自滨江道，止于保定道，全长约1200米。这次整修工程将机动车道改为8米宽，两侧人行道加宽至4.5至5.5米，原有沥青混凝土路面改为石材铺装，通过整修使道路风格与两侧古典欧式建筑和谐统一，步行环境得到改善，同时传承历史风貌，再造天津金融一条街辉煌。

5月8日　5月5日，地铁三号线解放北路站施工现场挤满了施工人员，大家紧盯着关系奥运圣火顺利传递咽喉路段最后一片砼顶板的浇筑,在轰鸣的机声中,最后一片顶板砼浇筑顺利完工。在场的中铁十六局施工人员高兴得又是鼓掌又是跳跃。解放北路是奥运圣火传递重要路线之一。地铁三号线解放北路站正位于“135 工程”的重点地区海河与解放北路的交叉口。

5 月 11 日　北起中环线、南至外环线段,全长 6.8 公里的解放南路绿化景观提升改造工程,日前全部竣工。解放南路绿化景观提升改造工程根据环境特点间歇配以艺术花坛、广场、花池、花架、甬路等,其中艺术花坛形式新颖,广场简洁实用,园路曲折自然,石材铺装多样美观。植物栽植根据植物形态及空间的大小,采取自然组团式栽植,其中栽植高大落叶乔木为背景树，常绿乔木及低矮宿根花卉组团式点缀整个景观绿化带,花色不同的地被植物进行自然分布。解放南路绿化提升改造工程累计栽植毛白杨、白蜡、法桐、合欢、栾树等乔木 27 个品种共五千余株;新建绿篱 3 万平方米,整铺草坪 14 万平方米。沿线共有大小 9 个休闲广场,累计面积四千余平方米,为广大市民提供了休闲娱乐休憩的场所。

6 月 12 日　昨天，具有百年历史的解放北路升级改造完毕，标志着小白楼地区迎奥运道路全面竣工。该道路全长约 1800 米,是本市首个可通机动车的石板路。今后不仅将作为奥运火炬传递道路样板路，同时还将为市民提供休闲旅游的好去处。在解放北路(保定道至解放桥路段)看到,全长约 1800 米的道路由原来的沥青路改成石板路。远远望去,新铺成的石板路与周边风貌建筑遥相辉映,营造着欧洲街道的古典气氛。在靠近解放桥的一个路口，镶嵌在地上的圆形碑石记载:“始于1918年,为天津第一条沥青混凝土公路;2008年,改造为天津第一个通机动车的石板路。”一位工作人员说,1918年,法国工部局用沥青重新铺设了解放北路,并一直沿用到今天。此次整治工作不仅重新铺设石材路面，为两侧建筑物立面进行粉刷、清洗,以“修旧如旧”和风格相协调的原则,营造欧洲街道的古典风格。同时,还规范立面建筑悬挂物,重新设计绿化、夜景灯光等配套设施,使其经过综合整治后,成为集商业、旅游、休闲于一体的景观道路。

8月13日　从交管部门了解到,今天起,解放北路的保定道至解放桥段禁止机动车通行,公交车仍可由南向北通行。

12月4日　津湾广场一期基础工程全面展开，该工程建成后将与解放北路金融街融为一体,形成海河岸边大型观光、购物的金融城。

2009年

9月24日　9月23日早晨5时30分,正在施工的地铁3号线解放北路站地下25米处发生透水，导致坐落地上的DD酒店出现楼体裂缝。事故发生后,市委、市政府高度重视,市委书记张高丽立即作出批示,要求调动力量,全力抢险,做好各项处置工作,确保施工人员和周边群众安全。市领导随即赶赴现场,组织指挥市有关部门实施处置,做好地下抢险工作,疏散酒店居住人员及周边群众，拆除险楼不安全部位，切断周边所有气、水、电等危险源，加强对周边建筑的监测，确保不再发生次生灾害。目前，施工现场上方险楼居民已全部安全撤离，没有发生人员伤亡，各项抢险工作正在紧张有序进行，事故原因正在调查中。

2010 年

4 月 19 日　17 日，由天津一商集团、天津珠江投资（控股）集团共同投资 6 亿元建设的珠江友谊家居项目正式启动，这是一商集团与珠江联手参与提升解放南路商贸带建设的重点项目之一。据悉，另有珠江石材城、板材城、轻纺城等 6 大项目正在规划实施中。珠江友谊家居项目位于解放南路原珠江装饰城，该项目负责人介绍，解放南路综合商贸带是河西区“四区四带八大功能区”的重要组成部分，一商集团与珠江投资公司联手，把珠江装饰城推倒重建，除了建设定位于高端家居购物中心的珠江友谊家居项目外，还将建设珠江五金涂料壁纸城、珠江石材城、珠江板材城、珠江轻纺城、珠江五金城、珠江品牌旗舰店等 6 个项目，打造珠江家居建材基地，从而全面提升解放南路商贸带的业态档次和品质，把解放南路区域卖场由传统经营模式向体验式经营模式转变。珠江友谊家居项目作为珠江家居建材基地的龙头项目，开业后将引进近 500 个知名品牌，预计年交易额将达到 30 亿元，可直接提供就业岗位 2000 余个。该项目被列入市发改委拟定的全市 2010 年 64 个重点前期工作项目。

2011 年

3 月 2 日　昨天上午召开市政府第 67 次常务会议，研究文化中心周边、解放南路周边地区规划建设方案，审议并原则通过了《调结构增活力上水平促进经济发展的 30 条措施》和《关于促进中心城区加快发展楼宇经济的若干意见》。会议强调，高标准、高水平搞好文化中心周边和解放南路周边地区规划建设，已经纳入市委 2011 年工作要点和市政府"十二五"规划纲要，不仅是我市城市建设中的一件大事，更是关乎我市经济发展和民计民生改善的一件实事，对于实现"一主两副"的中心城区空间布局结构、优化城市公共交通、改善市民居住条件、推进海河两岸综合开发、集约节约利用土地资源，都具有十分重要的意义，是一项一举多得的重要战略举措。要进一步完善规划设计方案，做好重点道路交通、地下空间、生态社区等专项规划，系统考虑智能电网、智能供热、节能中心等新能源、新技术的应用。要抓紧成立工程建设指挥部和项目平台公司，拓宽融资渠道，落实建设资金，提高使用效益。要认真研究一整套合理的政策措施，积极稳妥推进工作，确保取得实实在在的效果，确保社会和谐稳定。

8 月 25 日　在解放南路地区起步区西区，将利用卫津河建设一处开放式公园工程，目前已选址在解放南路与外环线交口东北侧。卫津河开放式公园工程项目四至范围为：东至沂山路，南至南兴道，西至解放南路，北至渌水道，总用地面积 11.9 公顷。规划利用现有坑塘改造开挖的水面 3.28 万平方米，种植绿化面积 7.31 万平方米，各种道路、广场面积 1.31 万平方米,同时将建设相应的公园景观设施、配套的电气及给排水工程。根据解放南路周边地区整体规划,解放南路地区起步区西区将建设成为环境优美、配套设施完善、交通出行便捷的生态宜居社区。该地区将建设公共绿地约65.1公顷,并沿主次干道安排相应的绿化用地。规划以居住功能为主,辅以休闲娱乐和商业服务等配套功能,规划总建筑面积约574万平方米,其中住宅约316万平方米,规划居住人口约8.67万人。

2012年

11月14日　昨天,副市长熊建平带队,现场察看解放南路地区卫津河开放式公园示范片及太湖路等项目建设情况,并主持召开推动会听取有关工作汇报。市建设交通委、市规划局、市国土房管局、市公安交管局、河西区政府和城投集团相关负责人参加。熊建平指出,解放南路地区开发建设是落实市委、市政府重大决策部署,改善居民居住环境,提高城市生活品质的重点工程。市相关部门和单位要高度重视相关配套项目,尤其是要超前考虑生态环境建设,确保整个区域绿色生态、节能环保,建成全市品质一流的生态宜居社区。熊建平要求,进一步优化公园设计方案,注重细部环节,充分体现生态、环保、自然、大绿等特点。精心推进公园建设,注重树木、道路、桥梁、湖面、河道、绿化等关键要素,精心选材,优化颜色搭配,强化整体协调,要合理安排工期,尽早建成投用。加强建设和管理对接,当前要充分考虑公园相关设施配套,做到与后续管理无缝衔接,为市民提供良好的休闲休憩环境。卫津河公园位于解放南路与外环线的交口,总占地面积11.9公顷,将打造成自然生态风情的开放式公园。项目于今年9月份开工，计划今年年底前完成人工湖及游览步道、景观桥等建设工作，预计明年上半年整体完工。

12月7日　昨日获悉，由市规划局委托天津建筑设计院制定的《解放南路生态城区规划与研究》出炉。今后，住在解放南路生态城区，人均享有绿地面积可达12平方米，全部使用清洁能源，上网宽带超100兆，生活可以媲美中新天津生态城。解放南路地区地处天津市区东南部，北依海河，南靠外环线，与周边的市文化中心、梅江居住区等隔解放南路相望。据介绍，解放南路地区区域内虽有海河、卫津河、复兴河、长泰河四条水系，但水体水质较差；该区域虽地处地埋管地源热泵较适宜区，浅层地热资源条件较好，处于王兰庄地热田，深层地热资源较丰富，但对于大规模的城市开发，总量明显不足。解放南路地区是天津城市“十二五”规划中中心城区提升改造的重点区域，也是继中新天津生态城之后本市重点建设的又一个生态城区，总体规划定位为生态型的生活社区、园林型的迎宾大道、创意型的办公街区和专业型的商贸园区。规划团队按照因地制宜和可实施性的原则，确定在人口密集的中心城区创建绿色、健康、智慧的生态城区的目标，因地制宜地提出并构建了包括生态环保、绿色开发、民生保障、智慧生活四个方面62项指标在内的生态指标体系，为生态目标的实施提供了科学的依据，为本市中心城区的绿色生态建设起到示范作用。根据规划，今后生态城区清洁能源使用率将达到100%，新建和改造建筑都将达到绿色建筑标准，雨水入渗及收集利用超过50%，500米内公交站点覆盖率大于80%，轨道交通站点

800米步行距离比例超过60%。人均公共绿地面积达12平方米，河道绿化比例、道路遮阴比例、公共交通站点遮阳避风设施设置比例都将达到100%，居民区步行500米内都有公共服务、文体设施。用户光纤可接入率和无线网络覆盖率达100%，户均网络接入带宽超100兆。此外，还将全部安装电子公交站牌、智能视频安全监控和居住区安全监控传感器等。

12月13日　作为天津“十二五”规划建设的重点地区，解放南路周边地区起步区基础设施工程已全面开工。其起步区、郁江道地区、陈塘庄园区、轧钢一厂北院等五大板块功能特点鲜明、各有侧重，将建成宜居宜商的生态区。

2013年

1月24日　昨天下午，市领导深入河西区调研解放南路地区开发建设工作，强调要以一天也不耽误的精神，高水平搞好项目规划建设，努力打造城市新亮点。解放南路开发区域规划占地总面积为16.29平方公里，规划新建建筑面积1645万平方米，将建设生态型生活社区、创意型办公街区、专业型科贸园区等。目前，该地区实现了沂山路、太湖路等五条道路贯通，新增道路里程7.9公里，启动建设了卫津河公园、太湖路公园、社区文体中心三项配套公共设施。市领导首先来到河西区尖山八大里地块，详细了解该地块动迁和规划建设情况。随后，市领导在解放南路地区开发建设指挥部主持召开会议，听取指挥部和河西区负责同志关于工作进展情况的汇报，与会同志就进一步做好该地区开发建设工作进行了深入讨论。市领导对项目指挥部、河西区及市有关部门前一阶段的工作给予充分肯定，指出，高水平搞好解放南路地区开发建设，是落实城市总体发展战略、改善人民群众居住条件、盘活中心城区现有资源、促进城市繁荣发展的重要举措。项目启动以来，各有关方面尽职尽责，齐心协力，密切配合，较好完成了区域规划、土地整理、配套建设等阶段性重点任务，工作开展有序，把握稳妥，效果显著。要在前一阶段工作的基础上，进一步加大组织协调力度，确保高水平完成今年各项任务。市领导强调，要深化规划编制，把解放南路地区规划与海河上游后五公里规划进行整体衔接，进一步明确功能定位，提升城市设计的水平。要加快土地整理，相关部门要积极主动做好工作，服务全市工作大局，为项目实施提供良好条件。要建好安置住房，本着对群众高度负责的态度，精心组织施工，确保房屋质量。要搞好配套建设，同步推进路网、环境以及医院、学校等配套设施和服务设施建设。要做好融资工作，充分利用市场手段筹集资金，精打细算，厉行节约，算好资金平衡账，用最合理的投入建设最优质的工程。

8 月 23 日　随着解放南路地区生态整体规划的逐一实施，继中新生态城之后重点建设的又一个生态城区正呼之欲出。根据规划，将解放南路生态城区发展定位为生态型的生活社区、园林型的迎宾大道、创意型的办公街区、专业型的商贸园区。整个生态城区将规划“两区、三轴、四节点”。解放南路地区生态规划针对既有区域特点确定生态策略，规划格局力求尊重现状，兼顾新建区域生态开发和既有区域绿色改造。1617 万平方米新建建筑 100%达到绿色建筑标准。361 万平方米既有建筑也将100%进行绿色改造。据悉,区域内目前在建的全市首个零能耗绿色建筑“文体中心低碳零能耗生活会馆”正在紧张建设,预计2013年内竣工。

2014年

1月11日　地铁4、10号线今年启建。4号线北起北辰区双街,东至中国民航大学。10号线连接天钢柳林、北部新区和解放南路。预计2017年投入使用。

2月7日　解放南路地区起步区基础设施建设不断加快,正朝着中心城区生态示范区迈进。截至目前,解放南路地区起步区的淇水道、内江路(涪水道—南兴道)、梅林路、双林西道、双林东道共5条新建道路已基本完工,完成了卫津河公园一期、太湖路公园一期和二期及社区文体中心4个配套公共设施建设;新梅江地区安置商品房3个项目中,22号地块已完成主体及外檐工程,正在进行内檐精装及小区内配套管线施工,40号地块已完成主体及内外檐初装修,正在同步实施小区内配套工程,27号地块已完成桩基工程。这些工程的实施,为尖山八大里居民安置提供了良好的环境保障。解放南路地区起步区位于解放南路与外环线交口东北侧,为河西区、西青区、津南区交界。按照规划,起步区将建设成为生态宜居社区,以居住功能为主,辅以休闲娱乐和商业服务等配套功能,规划总建筑面积约574万平方米,其中住宅约316万平方米,规划居住人口约8.67万人。

7月5日　从交管部门了解到,7月6日起，解放南路立交桥半幅断交施工，由河东去往河西方向车流须经桥下辅道通行,高于2.5米车辆须绕行湘江道、解放南路、大沽南路等道路。据了解,解放南路立交桥建于1985年,全长837.32米,位于解放南路与新围堤道交口，是本市中环线上重要交通枢纽之一。因使用年限较长,目前该桥桥梁部分梁底混凝土出现大面积碱蚀剥落,相关附属结构也破损严重。为消除安全隐患，将进行为期60天的大修，届时将对该桥的跨板梁进行拆除、更换,进行人行道、栏杆、伸缩缝、支座等附属结构物的更换以及对墩台盖梁破损部位进行局部维修。

8月29日　历时约50天的施工,中环线解放南路立交桥昨天基本完工,提前恢复双向通行。昨天上午9点,河西向河东方向率先恢复桥上交通，下午河东至河西方向恢复正常通行,比预计工期提前3天。目前,桥梁下部结构施工还剩板梁角缝维修和翼缘板铺装,预计将于9月初全部完工。

2015年

2月9日　为进一步提高本市交通管理精细化水平,保证行人过街安全,打造“慢行交通”系统,日前,交管部门在建设路烟台道北口,推行机动车右转控制的交通组织。后续还将在中环线友谊路西口、东兴路六纬路东口、金钟河大街王串场一号路西口、河北大街三条石大街西口、西南角南口和大沽南路解放南路东口,实施机动车右转控制的交通组织,进一步优化路口通行。

9月24日　从市交管部门了解到，结合天津医院内部改造工程，本着“方便群众就医，缓解门前拥堵”的原则，明起调整天津医院门前道路交通组织，并完善相关交通设施。

2016年

1月7日　1月9日起，交管部门将对解放南路围堤道路口交通组织进行调整。据了解，因解放南路与围堤道交口为五岔路口，交通高峰时段该路口交通流量集中易形成交通节点。为了进一步规范路口交通秩序，提高通行能力，1月9日起，交管部门将对解放南路围堤道路口交通组织进行调整，主要目的是简化路口流向，通过交通组织将现状的解放南路围堤道五岔路口简化为十字路口，减少路口车流交叉点。

2017年

8月25日　解放南路下穿浯水道地道正式通车。通车后，可有效改善解放南路周边地区交通环境，缓解解放南路与快速路、外环线的交通拥堵状况，为全运会的召开和梅江地区市民出行创造便利的条件。

2018年

12月7日　昨日，河西区解放南路一宗地块迎来摘牌，天津绿城北方置地有限公司以总价18亿元竞得该地块，住宅部分楼板价约合22833元/平方米。根据出让公告,该地块编号为津西解放（挂)2018—201号，位于浯水道与沂山路交口东南侧,东至太湖路,南至梦湖西道,西至沂山路,北至浯水道。规划住宅总体量约7.88万平方米，居住部分规划容积率1.0—1.9,挂牌起始总价18亿元。该地块位于解放南路起步区核心地带，且距离地铁6号线解放南路站的直线距离仅500米。

2019年

4月18日　为有效防范火灾事故的发生，彻底消除安全隐患，河西区日前成立了解放南路汽配城安全隐患专项治理工作领导小组,根据“隐患就是事故、事故就要处理”的原则,将对汽配城进行安全生产“地毯式”排查。解放南路汽配城属于尖山街道管界,主要经营汽车配件,有480多户商铺,距离拥挤、违法建设密集,存在着较大的安全隐患。虽然年年安全检查、年年大规模整改,但依然存在问题。为给广大商户及周边群众创造安全、舒心的工作、生活环境,区委、区政府决定下大力量整治汽配城,彻底消除这里的安全隐患。此次专项治理内容主要包括:核定城内违法建设情况,商户亮照经营、特种设备使用情况,人员信息核定及住宿、存储、经营“三合一”情况,城内砖木结构经营场所和仓库、聚氨酯泡沫彩钢板房情况以及城内消防水源、消防通道、消防器材情况和微型消防站管理、运行、拉动情况等。解放南路汽配城安全隐患专项治理工作领导小组下设10个联合检查组,由尖山街道办事处负责将汽配城所辖商户分成10个片区,每片区约50户,10个联合检查组分别负责检查。联合检查组采用“5+1+N”模式,即,每组人员均由尖山街道办事处、河西区应急管理局、消防河西支队、公安河西分局及区市场监管局尖山所各派出 1 名工作人员,以及 1 名安全专家、N 名产权单位工作人员组成。在此基础上,工作领导小组分别成立违章核查、市容等多个工作组,现场核实城内违法建设情况、对涉及罐装液化石油气使用问题抓好源头治理、检查汽配城内烤漆房配备废弃净化设施及餐饮单位油烟设备情况等。

5 月 15 日　新围堤道等 20 条道路开工整修，涉及昆仑路、密云路、复康路、解放南路等,预计工期 180 余天。

5 月 16 日　从河西区有关部门获悉，解放南路汽配城安全隐患专项治理工作取得阶段性成果。截至目前,专项治理工作的 10 个检查组共检查商户 455 家，发现各类隐患 619 处；对 2 家产权单位、3 家商户进行行政处罚,罚款金额共计 13 万元;采取现场控制措施 1 家,就地封存了不具备安全生产条件的醇基燃料储罐;责令 15 家无照经营商户关门停业;拆除违章建筑 17 处。

10 月 1 日　为庆祝中华人民共和国成立 70 周年,国庆节期间,解放桥将于 10 月 1 日晚和 10 月 4 日晚两次开启,从当天 19 时 30 分起至活动结束，公安交管部门将对解放桥区域及周边道路采取临时交通管制措施。

主要参考书目

1.来新夏主编:《天津近代史》,南开大学出版社,1987年。

2.杨大辛编著:《天津的九国租界》,天津古籍出版社,2004年。

3.章用秀著:《津沽通衢海大道》,天津社会科学院出版社,2018年。

4.张绍组著:《前世今生德租界》,天津社会科学院出版社,2018年。

5.罗文华著:《消逝的天津风景》,福建美术出版社,2006年。

6.罗文华著:《七十二沽花共水》,南京师范大学出版社,2007年。

7.吴延龙主编:《天津历史风貌建筑》(四册),天津大学出版社,2010年。

8.天津市和平区人民政府编:《天津市和平区地名录》,内部印刷,1988年。

9.天津市河西区人民政府编:《天津市河西区地名录》,内部印刷,1985年。

10.天津市河西区地方志编修委员会编著:《河西区志》,天津社会科学院出版社,1998年。

11.《大公报》(天津版),1902 年至 1949 年。

12.《天津日报》,1949 年至 2019 年。

后记

建筑是凝固的记忆,解放路上中西交融的建筑,珍藏着精彩的历史故事,见证着天津这座商贸都市的光阴轮转。本书作为“海河西岸记忆丛书”的一种,努力满足广大读者尤其是中老年读者的“历史记忆”。因解放路上历史风貌建筑大部分现仍存在且完好，所以本书整体脉络便围绕主要建筑从北到南展开。这样的结构和顺序,也便于读者了解从近代到当代的解放路,并由此了解160年来海河西岸乃至整个天津的发展。

作为每篇文章的标题，要给读者简练而明确的印象。如“盐业银行”一文,所讲建筑为“原盐业银行天津分行大楼”或称“盐业银行天津分行旧址”,文中对每一座建筑的名称及沿革都有详细的介绍。对已不存在的建筑,采用现在市民较为熟悉的名称。如市政协委员活动中心,其原址历史上曾先后为大华影院、光陆影院、莫斯科影院、向阳影院、北京影院等,本书取“北京影院”之名,也是为了尊重大多数读者的历史记忆。

作者近年在研究解放路历史文化中多有新的发现，有些成果已反映在本书相关篇章中。如解放路形成“银行街”的时间、解放桥开桥情况、梅兰芳曾住百福大楼、法国俱乐部原址后来曾为“胜利联欢社”、法国公议局大楼所在地原先是第一代“法国菜市”、利顺德大饭店曾有“礼查饭店”的译名、泰莱饭店曾称“来得乐大饭店”、韩国独立运动著名领导人金元凤曾是海河中学校友,等等,都具有一定的学术研究价值。由此也从不同角度说明,解放路的历史文化极为繁复而厚重。

书末所列“解放路大事年表(1949—2019)”,对中华人民共和国成立后解放路的发展脉络介绍较为详细,涉及整体规划、道路建设、设施配备、交通管理等方面,具有新闻的真实性和史料的权威性。尤其是对河西区域内解放南路的发展繁荣情况反映较多。读者可将相关文章与年表相互参证,使阅读更为丰富、立体。

书中每篇文章皆附有相关图片。对于保存较好的历史风貌建筑,我们专门进行了现场拍摄,并选取较为新颖的角度或有代表性的部位进行简要的解读。对少数已不存在的建筑,则采用老照片、老邮品、老票证等最适合引起读者“历史记忆”的形式进行呈现。

解放路的历史文化纷繁复杂、丰富多彩,本书谨守丛书体例和篇幅之约,有些题材未能尽述,有些内容未能展开,或有遗憾。虽然本书所言力求准确客观,有关年份及各种数据均经多番查证,但作为专门介绍和研究整条解放路160年历史文化的第一部专著,受作者学识水平限制,错漏恐在所难免,若有不当之处,恳请学者方家和读者朋友批评指正。

作者

2020年6月18日于天津